本書係「敦煌文獻系統性保護整理出版工程」項目成果

二〇二一—二〇三五年國家古籍工作規劃重點出版項目

「十四五」國家重點出版物出版規劃項目

國家古籍整理出版專項經費資助項目

中國國家圖書館藏敦煌文獻

中國國家圖書館 編

第五八册

BD00868～BD00880

國家圖書館出版社

DUNHUANG MANUSCRIPTS IN
THE NATIONAL LIBRARY OF CHINA

058

BD00868 ~ BD00880

compiled by the

National Library of China

National Library of China Publishing House

顧問　方廣錩　郝春文　榮新江　李際寧

編纂出版　張志清　魏崇　陳紅彦　殷夢霞　薩仁高娃
謝冬榮　劉波　林世田　廖生訓

編纂　林世田　薩仁高娃　常蓋心　于瑞　劉毅超
烏心怡　劉波　劉炳梅　周升川　劉婷
程佳羽　沈艷麗　高雅

編輯　潘竹　程魯潔　黄鑫　苗文葉

審稿　孫彦　耿素麗　宋志英　鄧咏秋

凡例

一　本書刊布中國國家圖書館藏敦煌文獻，以館藏編號爲序編排。

二　館藏編號采用「BD+流水號」格式，如BD00001, BD16579等。背面在編號後加v表示。一個編號包含多件文獻者，編號後分别綴以字母A, B, C等。一件文獻含有多個内容者，以數字-1, -2, -3等標明順序。

三　圖版有縮印或放大處另加説明，尺寸超出本書幅面的以摺葉形式呈現。

四　卷軸裝、梵夾裝、經摺裝等裝幀形制的敦煌文獻，各附外觀圖像。

五　每件文獻依次呈現外觀、正面、背面等。背面僅刊布有文字、圖像或其他要素的圖版，而略去素紙部分，背面圖版同樣以從右到左順序編排。凡有外題者，遵從以上原則。

六　除個别特殊情况外，爲保證閲讀連貫、流暢，圖版儘量通欄呈現。

七　各葉上方附該件文獻全圖，以高亮形式顯示本葉大圖在全卷中的位置。部分長卷文獻全圖衹能分多段呈現時，在上段末以‹符標示下段接續。卷尾内容不足一葉時，文獻全圖使用該圖卷尾部分，亦以‹符標示。背面圖版文字與正面文字方向相反時，文獻全圖按原貌顯示，正文翻轉呈現，以便閲讀研究，用↺符標示。

八　文獻題名大體沿用中國國家圖書館此前所編多部敦煌文獻目録的考證，部分吸收學界最新研究成果略作調整和完善。文獻題名綜合參考原卷首題、尾題、外題確定，如原卷題名與該文獻正式名稱不同，則采用正式名稱；無題名者，或比定題名，或擬定新名。非漢文文獻在題名前標注語種。有分卷不同等其他情况者，括注於文獻名稱後。

九　本書著録使用通行繁體字，涉及原文中的人名、地名等，必要時保留原字形。

About this publication

1. The documents are presented in shelfmark order.
2. The shelfmarks are in the form BD plus a running number, eg. BD00001, BD16579, &c. If a given shelfmark contains multiple documents, these are distinguished by the letters A, B, C, &c. If a document has multiple contents, they are distinguished by the numbering 1, 2, 3, &c. The verso side of an item is indicated by the letter v.
3. If it has been necessary to reduce or enlarge the size of an illustration, the dimensions are indicated. If the size of an illustration exceeds the size of the book, a folding sheet is used.
4. If the document is a scroll, a folded sutra, or has a stitched binding, a picture of the whole object is provided to show its external appearance.
5. The cover, front, and back of each document are reproduced in sequence. The back of a document is only reproduced if it contains text, illustrations, or other markings, and it is oriented from right to left. If it is blank it is not reproduced.
6. Except in a few special cases, the lines of text are reproduced unbroken to make them coherent and easier to read.
7. An illustration of the complete document is reproduced at the top of each page, and the section where the main illustration appears is highlighted in order to indicate its position. If it has only been possible to reproduce a long scroll in sections, the direction symbol has been used to indicate where one illustration ends and the next one begins. If the end of the scroll occupies less than one page, the direction symbol is used to indicate its position in the illustration of the complete document. If the text on the back of the document has a different orientation from the text on the front, it is reproduced as it is, but is also rotated (indicated with the rotation symbol) so that it can be read easily.
8. The titles of the documents generally conform with those already established by the Library, but in some cases have been amended by drawing on the most recent scholarly research. The titles are derived firstly from the beginning of the text, then from the end of the text, and lastly from the cover. If the title of a document differs from its authoritative form, the authoritative form is used; and if a document has no title, one is either supplied by comparison with similar documents, or a new one is devised. If the document is not in Chinese, its language is indicated before the title. If the number of juan is different from that of the authoritative version, or if there are other irregularities, this is noted.
9. The documents in the book are in traditional Chinese characters. Where the title contains personal or place names, the original characters used for these names are retained.

(Translated by David Helliwell)

第五八册目録

凡例　一
About this publication　三
BD00868　金剛般若波羅蜜經　二
BD00869　妙法蓮華經卷一　一八
BD00870　大般若波羅蜜多經卷八四　三〇
BD00870v　勘記　五一
BD00871　無量壽宗要經（甲本）　五四
BD00872　大般若波羅蜜多經卷三六三　六二
BD00873　大般涅槃經卷四〇　七二
BD00874　大般若波羅蜜多經卷三〇　一〇六

BD00875 妙法蓮華經卷四 一四二
BD00876 大目犍連冥間救母變文（一卷本） 一八二
BD00876v-1 無量壽宗要經（甲本） 二〇一
BD00876v-2 無量壽宗要經（甲本） 二〇七
BD00876v-3 無量壽宗要經（甲本） 二一三
BD00877 金剛般若波羅蜜經 二二二
BD00878 金剛般若波羅蜜經 二四二
BD00878v 騎縫字 二五六
BD00879 大般涅槃經卷二四 二五八
BD00879v-1 藏文雜寫 二八五
BD00879v-2 波逸提懺悔法 二八六
BD00880 大般若波羅蜜多經卷二二七 二九二

BD00868

金剛般若波羅蜜經

（後秦）鳩摩羅什 譯

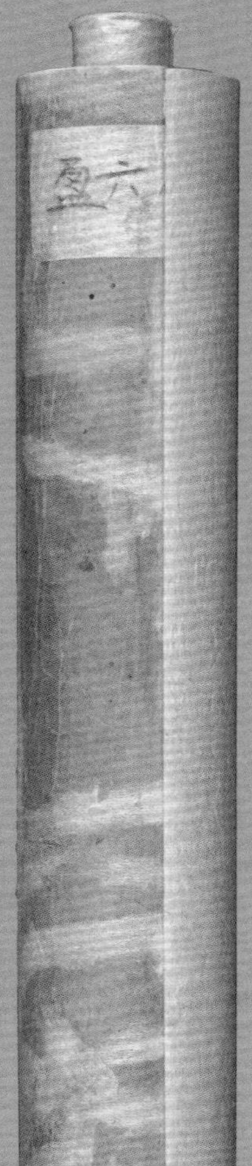

308.8cm×26.3cm

一希有之
經典所在之處則為有佛若尊重
尒時須菩提白佛言世尊當何名
云何奉持佛告須菩提是經名為
波羅蜜以是名字汝當奉持所以者
菩提佛說般若波羅蜜則非般若波羅蜜須
菩提於意云何如來有所說法不須菩提白佛
言世尊如來無所說須菩提於意云何三千大
千世界所有微塵是為多不須菩提言甚多世
尊須菩提諸微塵如來說非微塵是名微塵
如來說世界非世界是名世界須菩提於意
云何可以三十二相見如來不不也世尊不可以
三十二相得見如來何以故如來說三十二相即是
非相是名三十二相須菩提若有善男子善女人
以恒河沙等身命布施若復

尒時須菩提聞說是經深解義趣涕淚悲泣
而白佛言希有世尊佛說如是甚深經典我
從昔来所得慧眼未曾得聞如是之經世尊
若復有人得聞是經信心清淨則生實相當
知是人成就第一希有功德世尊是實相者
則是非相是故如来說名實相世尊我今得
聞如是經典信解受持不足為難若當來世
後五百歲其有衆生得聞是經信解受持是
人則為第一希有何以故此人無我相人相
衆生相壽者相所以者何我相即是非相人
相衆生相壽者相即是非相何以故離一切
諸相則名諸佛
佛告須菩提如是如是若復有人得聞是
經不驚不怖不畏當知是人甚為希有

經不驚不怖不畏當知是人甚為希有
何以故須菩提如来說第一波羅蜜非第一
波羅蜜是名第一波羅蜜須菩提忍辱
波羅蜜如来說非忍辱波羅蜜何以故
須菩提如我昔為歌利王割截身體我
於尒時無我相無人相無衆生相無壽者
相何以故我於往昔節節支解時若有我相
人相衆生相壽者相應生瞋恨須菩提又念
過去於五百世作忍辱仙人於尒所世無我
相無人相無衆生相無壽者相是故須菩提
菩薩應離一切相發阿耨多羅三藐三菩提
心不應住色生心不應住聲香味觸法生心
應生無所住心若心有住則為非住是故佛
說菩薩心不應住色布施須菩提菩薩為
利益一切衆生應如是布施如来說一切諸相
即是非相又說一切衆生則非衆生須菩提

如来是真語者實語者如語者不誑語者不
異語者須菩提如来所得法此法無實無虛
須菩提若菩薩心住於法而行布施如人入
闇則無所見若菩薩心不住法而行布施如
人有目日光明照見種種色須菩提當来之
世若有善男子善女人能於此經受持讀誦
則為如来以佛智慧悉知是人悉見是人皆
得成就無量無邊功德
須菩提若有善男子善女人初日分以恒河
沙等身布施中日分復以恒河沙等身布施
後日分亦以恒河沙等身布施如是無量百
千万億劫以身布施若復有人聞此經典信
心不逆其福勝彼何況書寫受持讀誦為人
解說須菩提以要言之是經有不可思議不
可稱量無邊功德如来為發大乘者說為發
最上乘者說若有人能受持讀誦廣為人說

解說須菩提以要言之是經有不可思議不
可稱量無邊功德如来為發大乘者說為發
最上乘者說若有人能受持讀誦廣為人說
如来悉知是人悉見是人皆得成就不可量不
可稱無有邊不可思議功德如是人等則為
荷擔如来阿耨多羅三藐三菩提何以故須
菩提若樂小法者著我見人見衆生見壽者
見則於此經不能聽受讀誦為人解說須菩
提在在處處若有此經一切世間天人阿脩
羅所應供養當知此處則為是塔皆應恭敬
作礼圍遶以諸華香而散其處
復次須菩提善男子善女人受持讀誦此經
若為人輕賤是人先世罪業應墮惡道以今
世人輕賤故先世罪業則為消滅當得阿耨多
羅三藐三菩提須菩提我念過去無量阿
僧祇劫於然燈佛前得值八百四千万億那

有人於後末世能受持讀誦此經所得功德
於我所供養諸佛功德百分不及一千万億
分乃至筭數譬喻所不能及須菩提若善男
子善女人於後末世有受持讀誦此經所得
功德我若具說者或有人聞心則狂亂狐疑不
信須菩提當知是經義不可思議果報亦不
可思議
尒時須菩提白佛言世尊善男子善女人發
阿耨多羅三藐三菩提心云何應住云何降
伏其心佛告須菩提善男子善女人發阿耨
多羅三藐三菩提者當生如是心我應滅度
一切衆生滅度一切衆生已而無有一衆生
實滅度者何以故若菩薩有我相人相衆
生相壽者相則非菩薩所以者何須菩提實

實滅度者何以故須菩提若菩薩有我相人相衆
生相壽者相則非菩薩所以者何須菩提實
無有法發阿耨多羅三藐三菩提者須菩提
於意云何如来於然燈佛所有法得阿耨多
羅三藐三菩提不不也世尊如我解佛所說
義佛於然燈佛所無有法得阿耨多羅三藐
三菩提佛言如是如是須菩提實無有法如来
得阿耨多羅三藐三菩提須菩提若有法如
来得阿耨多羅三藐三菩提者然燈佛則不
與我受記汝於来世當得作佛号釋迦牟尼
以實無有法得阿耨多羅三藐三菩提是故
然燈佛與我授記作是言汝於来世當得作佛
号釋迦牟尼何以故如来者即諸法如義若有
人言如来得阿耨多羅三藐三菩提須菩
提實無有法佛得阿耨多羅三藐三菩提須
菩提如来所得阿耨多羅三藐三菩提於是

須菩提所言一切法者即非一切法是故名
一切法須菩提譬如人身長大須菩提言世
尊如来說人身長大則為非大身是名大身
須菩提菩薩亦如是若作是言我當滅度無
量衆生則不名菩薩何以故須菩提實無有
法名為菩薩是故佛說一切法無我無人無
衆生無壽者須菩提若菩薩作是言我當
莊嚴佛土是不名菩薩何以故如来說莊嚴佛
土者即非莊嚴是名莊嚴須菩提若菩薩通
達無我法者如来說名真是菩薩
須菩提於意云何如来有肉眼不如是世尊
如来有肉眼須菩提於意云何如来有天眼
不如是世尊如来有天眼須菩提於意云何
如来有慧眼不如是世尊如来有慧眼須菩

如来有慧眼不如是世尊如来有慧眼須菩
提於意云何如来有法眼不如是世尊如来
有法眼須菩提於意云何如来有佛眼不如
是世尊如来有佛眼須菩提於意云何恒
河中所有沙佛說是沙不如是世尊如来說
是沙須菩提於意云何如一恒河中所有沙
有如是等恒河是諸恒河所有沙數佛世界
如是寧為多不甚多世尊佛告須菩提尒所
國土中所有衆生若干種心如来悉知何以故
如来說諸心皆為非心是名為心所以者何
須菩提過去心不可得現在心不可得未来
心不可得須菩提於意云何若有人滿三千
大千世界七寶以用布施是人以是因緣得
福多不如是世尊此人以是因緣得福甚多
須菩提若福德有實如来不說得福德多以

須菩提於意云何佛可以具足色身見不不
世世尊如来不應以具足色身見何以故如来
說具足色身即非具足色身是名具足色身
須菩提於意云何如来可以具足諸相見不不
世世尊如来不應以具足諸相見何以故如
来說諸相具足即非具足是名諸相具足須
菩提汝勿謂如来作是念我當有所說法莫
作是念何以故若人言如来有所說法即為
謗佛不能解我所說故須菩提說法者無法
可說是名說法須菩提白佛言世尊佛得阿
耨多羅三藐三菩提為無所得耶如是如是
須菩提我於阿耨多羅三藐三菩提乃至無
有少法可得是名阿耨多羅三藐三菩提復
次須菩提是法平等無有高下是名阿耨多
羅三藐三菩提以無我無人無衆生無壽者

次須菩提是法平等無有高下是名阿耨多
羅三藐三菩提以無我無人無衆生無壽者
脩一切善法則得阿耨多羅三藐三菩提須
菩提所言善法者如来說非善法是名善法
須菩提若三千大千世界中所有諸須弥山
王如是等七寶聚有人持用布施若人以此
般若波羅蜜經乃至四句偈等受持讀誦為
他人說於前福德百分不及一百千万億分
乃至算數譬喻所不能及
須菩提於意云何汝等勿謂如来作是念我
當度衆生須菩提莫作是念何以故實無有
衆生如来度者若有衆生如来度者如来則
有我人衆生壽者須菩提如来說有我者則
非有我而凡夫之人以為有我須菩提凡夫
者如来說則非凡夫須菩提於意云何可以

十二相觀如来不須菩提言如是如是以
三十二相觀如来佛言須菩提若以三十二
相觀如来者轉輪聖王則是如来須菩提白
佛言世尊如我解佛所說義不應以三十二
相觀如来尒時世尊而說偈言
若以色見我　以音聲求我　是人行邪道　不能見如来
須菩提汝若作是念如来不以具足相故得
阿耨多羅三藐三菩提須菩提莫作是念如
来不以具足相故得阿耨多羅三藐三菩提
須菩提汝若作是念發阿耨多羅三藐三菩
提者說諸法斷滅莫作是念何以故發阿耨
多羅三藐三菩提者於法不說斷滅相須菩
提若菩薩以滿恒河沙等世界七寶布施若
復有人知一切法無我得成於忍此菩薩勝
前菩薩所得功德須菩提以諸菩薩不受

復有人知一切法無我得成於忍此菩薩勝
前菩薩所得功德須菩提以諸菩薩不受
福德故須菩提白佛言世尊云何菩薩不受
福德須菩提菩薩所作福德不應貪着是
故說不受福德須菩提若有人言如来若来
若去若坐若卧是人不解我所說義何以故如来
者無所從来亦無所去故名如来須菩提若
善男子善女人以三千大千世界碎為微塵
於意云何是微塵衆寧為多不甚多世尊
何以故若是微塵衆實有者佛則不說是微
塵衆所以者何佛說微塵衆則非微塵衆是
名微塵衆世尊如来所說三千大千世界則非
世界是名世界何以故若世界實有者則是
一合相如来說一合相則非一合相是名一合
相須菩提一合相者則是不可說但凡夫之人

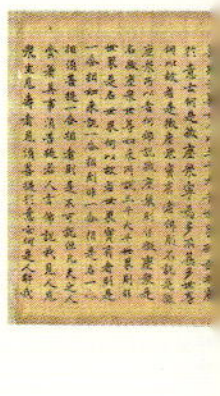

須菩提若人言佛說我見人見
衆生見壽者見須菩提於意云何是人解我

BD00869

妙法蓮華經卷一

（後秦）鳩摩羅什 譯

247.8cm × 26.3cm

弗十方世
諸佛出於五濁悪世所謂劫濁煩惱濁衆生
濁見濁命濁如是舍利弗劫濁乱時衆生垢
重慳貪嫉妬成就諸不善根故諸佛以方便
力於一佛乘分別說三舍利弗若我弟子自
謂阿羅漢辟支佛者不聞不知諸佛如來但
教化菩薩事此非佛弟子阿羅漢非辟支
佛又舍利弗是諸比丘比丘尼謂已得阿
羅漢是最後身究竟涅槃便不復志求阿耨
多羅三藐三菩提當知此輩皆是增上慢人
所以者何若有比丘實得阿羅漢若不信此
法无有是處除佛滅度後現前无佛所以者
何佛滅度後如是等經受持讀誦解義者是

人難得若遇餘佛於此法中便得決了舍利
弗汝等當一心信解受持佛語諸佛如来言
无虛妄无有餘乘唯一佛乘尒時世尊欲重
宣此義而說偈言

比丘比丘尼　有懷增上慢　優婆塞我慢　優婆夷不信
如是四衆等　其數有五千
不自見其過　於戒有缺漏　護惜其瑕疵　是小智已出
衆中之糟糠　佛威德故去　斯人尠福德　不堪受是法
此衆无枝葉　唯有諸貞實
舍利弗善聽　諸佛所得法　无量方便力　而為衆生說
衆生心所念　種種所行道　若干諸欲性　先世善惡業
佛悉知是已　以諸緣譬喻　言辭方便力　令一切歡喜
或說脩多羅　伽陁及本事　本生未曾有　亦說於因緣
譬喻并祇夜　優波提舍經
鈍根樂小法　貪著於生死　於諸无量佛　不行深妙道

鈍根樂小法　貪著於生死　於諸无量佛　不行深妙道
衆苦所惱亂　為是說涅槃
我設諸方便　令得入佛慧　未曾說汝等　當得成佛道
所以未曾說　說時未至故　今正是其時　決定說大乘
我此九部法　隨順衆生說　入大乘為本　以故說是經
有佛子心淨　柔軟亦利根　无量諸佛所　而行深妙道
為此諸佛子　說是大乘經
我記如是人　來世成佛道　以深心念佛　脩持淨戒故
此等聞得佛　大喜充遍身　佛知彼心行　故為說大乘
聲聞若菩薩　聞我所說法　乃至於一偈　皆成佛无疑
十方佛土中　唯有一乘法　无二亦无三　除佛方便說
但以假名字　引導於衆生　說佛智慧故　諸佛出於世
唯此一事實　餘二則非真　終不以小乘　濟度於衆生
佛自住大乘　如其所得法　定慧力莊嚴　以此度衆生

我則墮慳貪　此事為不可　若人信歸佛　如來不欺誑
亦无貪嫉意　斷諸法中惡　故佛於十方　而獨无所畏
我以相嚴身　光明照世間　无量衆所尊　為說實相印
舍利弗當知　我本立誓願　欲令一切衆　如我等无異
如我昔所願　今者已滿足　化一切衆生　皆令入佛道
若我遇衆生　盡教以佛道　无智者錯亂　迷惑不受教
我知此衆生　未曾脩善本　堅著於五欲　癡愛故生惱
以諸欲因緣　墜墮三惡道　輪迴六趣中　備受諸苦毒
受胎之微形　世世常增長　薄德少福人　衆苦所逼迫
入耶見稠林　若有若无等　依止此諸見　具足六十二
深著虛妄法　堅受不可捨　我慢自矜高　諂曲心不實
於千万億劫　不聞佛名字　亦不聞正法　如是人難度
是故舍利弗　我為設方便　說諸盡苦道　示之以涅槃
我雖說涅槃　是亦非真滅　諸法從本來　常自寂滅相
佛子行道已　來世得作佛

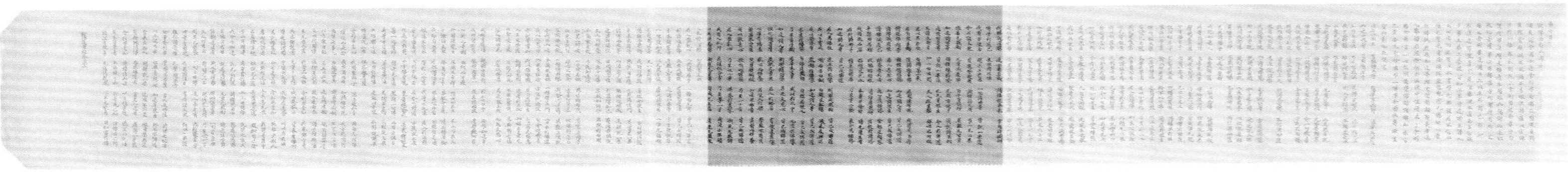

我雖説涅槃　是亦非真滅　諸法從本來　常自寂滅相
佛子行道已　來世得作佛
我有方便力　開示三乘法　一切諸世尊　皆説一乘道
今此諸大衆　皆應除疑惑　諸佛語无異　唯一无二乘
過去无數劫　无量滅度佛　百千万億種　其數不可量
如是諸世尊　種種緣譬喻　无數方便力　演説諸法相
是諸世尊等　皆説一乘法　化无量衆生　令入於佛道
又諸大聖主　知一切世間　天人群生類　深心之所欲
更以異方便　助顯第一義
若有衆生類　值諸過去佛　若聞法布施　或持戒忍辱
精進禪智等　種種脩福德　如是諸人等　皆已成佛道
諸佛滅度後　若人善軟心　如是諸衆生　皆已成佛道
諸佛滅度已　供養舍利者　起万億種塔　金銀及頗梨
車𤦲與馬瑙　玫瑰瑠璃珠　清淨廣嚴飾　莊校於諸塔

若於曠野中　積土成佛廟　乃至童子戲　聚沙為佛塔
如是諸人等　皆已成佛道
若人為佛故　建立諸形像　刻彫成衆相　皆已成佛道
或以七寶成　鍮石赤白銅　白鑞及鈆錫　鐵木及與泥
或以膠漆布　嚴飾作佛像　如是諸人等　皆已成佛道
綵畫作佛像　百福莊嚴相　自作若使人　皆已成佛道
乃至童子戲　若草木及筆　或以指爪甲　而畫作佛像
如是諸人等　漸漸積功德　具足大悲心　皆已成佛道
但化諸菩薩　度脫无量衆　若人於塔廟　寶像及畫像
以華香幡蓋　敬心而供養　若使人作樂　擊鼓吹角貝
簫笛琴箜篌　琵琶鐃銅鈸　如是衆妙音　盡持以供養
或以歡喜心　歌唄頌佛德　乃至一小音　皆已成佛道
若人散亂心　乃至以一華　供養於畫像　漸見无數佛
或有人礼拜　或復但合掌　乃至舉一手　或復小低頭
以此供養像　漸見无量佛　自成无上道　廣度无數衆

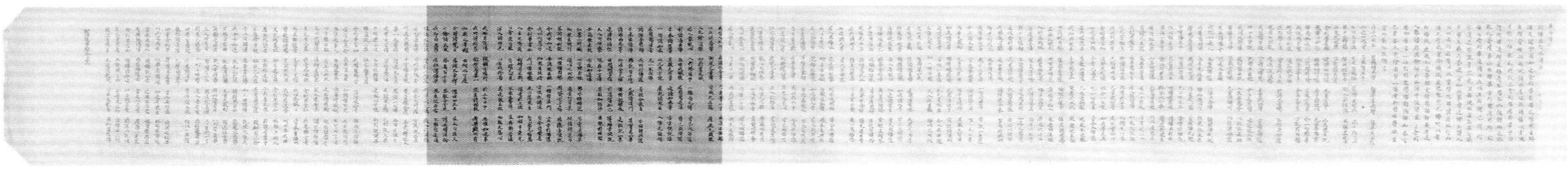

或有人禮拜 或復但合掌 乃至舉一手 或復小低頭
以此供養像 漸見无量佛 自成无上道 廣度无數衆
入无餘涅槃 如薪盡火滅
若人散亂心 入於塔廟中 一稱南无佛 皆已成佛道
於諸過去佛 在世或滅後 若有聞是法 皆已成佛道
未來諸世尊 其數无有量 是諸如來等 亦方便說法
一切諸如來 以无異方便 度脫諸衆生 入佛无漏智
若有聞法者 无一不成佛
諸佛本誓願 我所行佛道 普欲令衆生 亦同得此道
未來世諸佛 雖說百千億 无數諸法門 其實為一乘
諸佛兩足尊 知法常无性 佛種從緣起 是故說一乘
是法住法位 世間相常住 於道場知已 導師方便說
天人所供養 現在十方佛 其數如恒沙 出現於世間
安隱衆生故 亦說如是法
知第一寂滅 以方便力故 雖示種種道 其實為佛乘

及諸根利鈍　以種種因緣　譬喻亦言辭　隨應方便說
今我亦如是　安隱衆生故　以種種法門　宣示於佛道
我以智慧力　知衆生性欲　方便說諸法　皆令得歡喜
舍利弗當知　我以佛眼觀　見六道衆生　貧窮無福慧
入生死險道　相續苦不斷　深著於五欲　如犛牛愛尾
以貪愛自蔽　盲瞑無所見　不求大勢佛　及與斷苦法
深入諸邪見　以苦欲捨苦　為是衆生故　而起大悲心
我始坐道場　觀樹亦經行　於三七日中　思惟如是事
我所得智慧　微妙最第一　衆生諸根鈍　著樂癡所盲
如斯之等類　云何而可度
爾時諸梵王　及諸天帝釋　護世四天王　及大自在天
并餘諸天衆　眷屬百千萬　恭敬合掌禮　請我轉法輪
我即自思惟　若但讚佛乘　衆生沒在苦　不能信是法

我即自思惟　若但讚佛乘　衆生沒在苦　不能信是法
破法不信故　墜於三惡道　我寧不說法　疾入於涅槃
尋念過去佛　所行方便力　我今所得道　亦應說三乘
作是思惟時　十方佛皆現　梵音慰喻我　善哉釋迦文
第一之導師　得是无上法　隨諸一切佛　而用方便力
我等亦皆得　最妙第一法　為諸衆生類　分別說三乘
少智樂小法　不自信作佛　是故以方便　分別說諸果
雖復說三乘　但為教菩薩
舍利弗當知　我聞聖師子　深淨微妙音　稱南无諸佛
復作如是念　我出濁惡世　如諸佛所說　我亦隨順行
思惟是事已　即趣波羅柰　諸法寂滅相　不可以言宣
以方便力故　為五比丘說　是名轉法輪　便有涅槃音
及以阿羅漢　法僧差別名　從久遠劫來　讚示涅槃法
生死苦永盡　我常如是說　舍利弗當知　我見佛子等

曾從諸佛聞　方便所說法　我即作是念　如來所以出
為說佛慧故　今正是其時　舍利弗當知　鈍根少智人
著相憍慢者　不能信是法　今我喜无畏　於諸菩薩中
正直捨方便　但說无上道　菩薩聞是法　疑網皆已除
千二百羅漢　悉亦當作佛　如三世諸佛　說法之儀式
我今亦如是　說无分別法　諸佛興出世　懸遠值遇難
正使出於世　說是法復難　无量无數劫　聞是法亦難
能聽是法者　斯人亦復難　譬如優曇華　一切皆愛樂
天人所希有　時時乃一出　聞法歡喜讚　乃至發一言
則為已供養　一切三世佛　是人甚希有　過於優曇華
汝等勿有疑　我為諸法王　普告諸大衆　但以一乘道
教化諸菩薩　无聲聞弟子
汝等舍利弗　聲聞及菩薩　當知是妙法　諸佛之祕要
以五濁惡世　但樂著諸欲　如是等衆生　終不求佛道
當來世惡人　聞佛說一乘　迷惑不信受　破法墮惡道

當來世惡人　聞佛說一乘　迷惑不信受　破法墮惡道
有慚愧清淨　志求佛道者　當為如是等　廣讚一乘道
舍利弗當知　諸佛法如是　以万億方便　隨宜而說法
其不習學者　不能曉了此　汝等既已知　諸佛世之師
隨宜方便事　无復諸疑惑　心生大歡喜　自知當作佛

妙法蓮華經卷第一

BD00870 大般若波羅蜜多經卷八四

（唐）玄奘 譯

BD00870v 勘記

476.6cm × 25.7cm

諸受以无所得而為方便舍利子此於身
以无所得而為方便此於觸界身識界及身
觸身觸為緣所生諸受以无所得而為方便
舍利子此於意界以无所得而為方便此於
法界意識界及意觸意觸為緣所生諸受以
无所得而為方便舍利子此於地界以无所
得而為方便此於水火風空識界以无所得
而為方便舍利子此於苦聖諦以无所得而
為方便此於集滅道聖諦以无所得而為方
便舍利子此於无明以无所得而為方便此
於行識名色六處觸受愛取有生老死愁歎
苦憂惱以无所得而為方便舍利子此於内
空以无所得而為方便此於外空内外空空

切法空不可得空无性空自性空无性自性
空以无所得而為方便舍利子此於真如以
无所得而為方便此於法界法性不虛妄性
不變異性平等性離生性法定法住實際虛
空界不思議界以无所得而為方便
舍利子此於布施波羅蜜多以无所得而為
方便此於淨戒安忍精進靜慮般若波羅蜜
多以无所得而為方便舍利子此於四靜慮
以无所得而為方便此於四无量四无色定
以无所得而為方便舍利子此於八解脫以
无所得而為方便此於八勝處九次第定十
遍處以无所得而為方便舍利子此於四念
住以无所得而為方便此於四正斷四神足

BD00870　大般若波羅蜜多經卷八四

住以无所得而為方便此於四正斷四神足
五根五力七等覺支八聖道支以无所得而
為方便舍利子此於空解脫門以无所得而
為方便此於无相无願解脫門以无所得而
為方便舍利子此於五眼以无所得而為方
便此於六神通以无所得而為方便舍利子
此於佛十力以无所得而為方便此於四无
所畏四无礙解大慈大悲大喜大捨十八佛
不共法以无所得而為方便舍利子此於无
忘失法以无所得而為方便此於恒住捨性
以无所得而為方便舍利子此於一切陁羅
尼門以无所得而為方便此於一切三摩地
門以无所得而為方便舍利子此於一切智
以无所得而為方便此於道相智一切相智
以无所得而為方便[illegible]

所得而為方便舍利子此於預流以无所得
而為方便此於一來不還阿羅漢以无所得·
而為方便舍利子此於預流向預流果以无
所得而為方便此於一來向一來果不還向不
還果阿羅漢向阿羅漢果以无所得而為方
便舍利子此於獨覺以无所得而為方便
此於獨覺向獨覺果以无所得而為方便舍、
利子此於菩薩摩訶薩以无所得而為方便
此於三藐三佛陁以无所得而為方便舍利
子此於菩薩摩訶薩法以无所得而為方便
此於无上正等菩提法以无所得而為方便舍
利子此於極喜地以无所得而為方便此於
離垢地發光地焰慧地極難勝地現前地

離垢地發光地焰慧地極難勝地現前地
遠行地不動地善慧地法雲地以无所得而
爲方便舍利子此於極喜地法以无所得而
爲方便此於離垢地法發光地法焰慧地法
極難勝地法現前地法遠行地法不動地法
善慧地法法雲地法以无所得而爲方便舍
利子此於異生地以无所得而爲方便此於
種姓地第八地具見地薄地離欲地已辦地
獨覺地菩薩地如來地以无所得而爲方便
舍利子此於異生地法以无所得而爲方便
此於種姓地法第八地法具見地法薄地法
離欲地法已辦地法獨覺地法菩薩地法如
來地法以无所得而爲方便舍利子此於有
爲果以无所得而爲方便此於无爲果以无

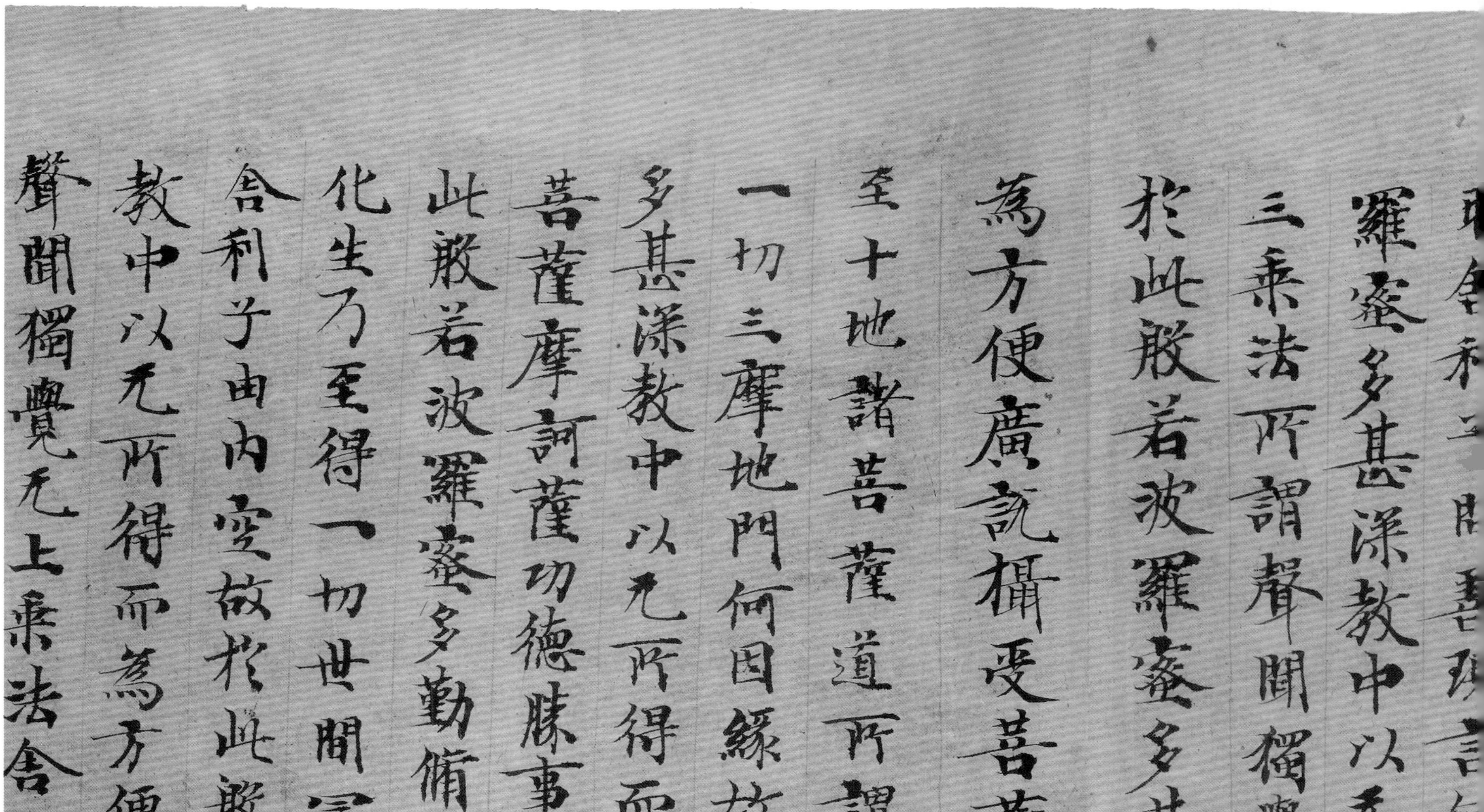

時舍利子問善現言何因緣故於此般若波
羅蜜多甚深教中以无所得而為方便廣説
三乘法所謂聲聞獨覺无上乘法何因緣故
於此般若波羅蜜多甚深教中以无所得而
為方便廣説攝受菩薩摩訶薩從初發心乃
至十地諸菩薩道所謂布施波羅蜜多乃至
一切三摩地門何因緣故於此般若波羅蜜
多甚深教中以无所得而為方便廣説攝受
菩薩摩訶薩功德勝事所謂菩薩摩訶薩於
此般若波羅蜜多勤脩行故隨所生處常受
化生乃至得一切世間最妙勝辯善現荅言
舍利子由內空故於此般若波羅蜜多甚深
教中以无所得而為方便廣説三乘法所謂
聲聞獨覺无上乘法舍利子由外空內外空

BD00870　大般若波羅蜜多經卷八四

聲聞獨覺无上乘法舍利子由外空內外空
空空大空勝義空有爲空无爲空畢竟空
際空散空无變異空本性空自相空共相空
一切法空不可得空无性空自性空无性自
性空故於此般若波羅蜜多甚深教中以无
所得而爲方便廣說三乘法所謂聲聞獨覺
无上乘法舍利子由內空故於此般若波羅
蜜多甚深教中以无所得而爲方便廣說攝
受菩薩摩訶薩從初發心乃至十地諸菩薩
道所謂布施波羅蜜多淨戒安忍精進靜慮
般若波羅蜜多若內空外空內外空空空大
空勝義空有爲空无爲空畢竟空无際空散
空无變異空本性空自相空共相空一切法
空不可得空无性空自性空无性自性空若

苦聖諦集滅道聖諦若四靜慮四无量四无
色定若八解脫八勝處九次第定十遍處若
四念住四正斷四神足五根五力七等覺支
八聖道支若空解脫門无相无願解脫門若
五眼六神通若佛十力四无所畏四无礙解
大慈大悲大喜大捨十八佛不共法若无忘
失法恒住捨性若一切智道相智一切相智
若一切陁羅尼門一切三摩地門舍利子由
外空乃至无性自性空故於此般若波羅蜜
多甚深教中以无所得而為方便廣說攝受
菩薩摩訶薩從初發心乃至十地諸菩薩道
所謂布施波羅蜜多乃至一切三摩地門舍
利子由內空故於此般若波羅蜜多甚深教

BD00870　大般若波羅蜜多經卷八四

利子由内空故於此般若波羅蜜多甚深教
中以无所得而為方便廣說攝受菩薩摩訶
薩功德勝事所謂菩薩摩訶薩於此般若波
羅蜜多勤脩行故隨所生處常受化生於不
退神通能自在遊戲從一佛土趣一佛土供
養恭敬尊重讚歎諸佛世尊隨所願樂種種
善根皆能脩習速得圓滿於諸佛所聞持正
法乃至无上正等菩提能不忘失亦无懈廢
恒居勝定離散亂心由此為緣得无礙辯无
斷盡辯无謬亂辯迅辯應辯凡所演說豐義
味辯一切世間最妙勝辯舍利子由外空乃至
无性自性空故於此般若波羅蜜多甚深
教中以无所得而為方便廣說攝受菩薩摩
訶薩功德勝事所謂菩薩摩訶薩於此般若
波羅

初分散花品第廿五
尒時天帝釋及此三千大千世界所有四大
王衆天三十三天夜摩天覩史多天樂變化
天他化自在天梵衆天梵輔天梵會天大梵
天光天少光天无量光天極光淨天淨天少
淨天无量淨天遍淨天廣天少廣天无量廣
天廣果天无煩天无熱天善現天善見天色
究竟天咸作是念今尊者善現承佛神力為
一切有情雨大法雨我等今者為供養故宜
各化作天諸妙花奉散釋迦如來及菩薩摩
訶薩苾芻僧尊者善現亦散所說甚深般
若波羅蜜多而為供養時諸天衆作是念已
各化種種微妙香花奉散如來諸菩薩等是

BD00870　大般若波羅蜜多經卷八四

各化種種微妙香花奉散如來諸菩薩等是
時於此三千大千佛之世界花悉充滿以佛
神力於虚空中合成花臺莊嚴殊妙遍覆三
千大千世界具壽善現覩斯事已作是念言
今所散花於諸天處未曾見有是花殊妙定
非草木水陸所生應是諸天為供養故從心
化出時天帝釋既知善現心之所念謂善現
言此所散花實非草木水陸所生亦不從心
實能化出但變現耳具壽善現語帝釋言是
花不生則非花也時天帝釋問善現言為但
是花不生為餘法亦尒善現荅言非但是花
不生諸餘法亦尒何謂也憍尸迦色亦不生
此既不生則非色受想行識亦不生此既不
生則非受想行識何以故以不生法離諸戲
論不可施設為[illegible]

此既不生則非耳鼻舌身意處何以故以不
生法離諸戲論不可施設爲眼處等故憍尸
迦色處亦不生此既不生則非色處聲香味
觸法處亦不生此既不生則非聲香味觸法處
何以故以不生法離諸戲論不可施設爲色
處等故憍尸迦眼界亦不生此既不生則
非眼界色界眼識界及眼觸眼觸爲緣所生
諸受亦不生此既不生則非色界乃至眼觸
爲緣所生諸受何以故以不生法離諸戲論
不可施設爲眼界等故憍尸迦耳界亦不生
此既不生則非耳界聲界耳識界及耳觸耳
觸爲緣所生諸受亦不生此既不生則非聲
界乃至耳觸爲緣所生諸受何以故以不生

BD00870　大般若波羅蜜多經卷八四

界乃至耳觸爲緣所生諸受何以故以不生
法離諸戲論不可施設爲耳界等故憍尸迦
鼻界亦不生此既不生則非鼻界香界鼻識
界及鼻觸鼻觸爲緣所生諸受亦不生此既
不生則非香界乃至鼻觸爲緣所生諸受何
以故以不生法離諸戲論不可施設爲鼻界
等故憍尸迦舌界亦不生此既不生則非舌界
味界舌識界及舌觸舌觸爲緣所生諸受亦
不生此既不生則非味界乃至舌觸爲緣所
生諸受何以故以不生法離諸戲論不可施
設爲舌界等故憍尸迦身界亦不生此既不
生則非身界觸界身識界及身觸身觸爲緣
所生諸受亦不生此既不生則非觸界乃至
身觸爲緣所生諸受何以故以不生法離諸
戲論不可施設爲身界等故

觸意觸為緣所生諸受亦不生此既不生則
非法界乃至意觸為緣所生諸受何以故以
不生法離諸戲論不可施設為意界等故憍
尸迦地界亦不生此既不生則非地界水火
風空識界亦不生此既不生則非水火風空
識界何以故以不生法離諸戲論不可施設
為地界等故憍尸迦苦聖諦亦不生此既不
生則非苦聖諦集滅道聖諦亦不生此既不
生則非集滅道聖諦何以故以不生法離諸
戲論不可施設為苦聖諦等故憍尸迦无明
亦不生此既不生則非无明行識名色六處
觸受愛取有生老死愁歎苦憂惱亦不生此
既不生則非行乃至老死愁歎苦憂惱何以

BD00870　大般若波羅蜜多經卷八四

既不生則非行乃至老死愁歎苦憂惱何以
故以不生法離諸戲論不可施設爲无明等
故憍尸迦内空亦不生此既不生則非内空
外空内外空空空大空勝義空有爲空无爲
空畢竟空无際空散空无變異空本性空自
相空共相空一切法空不可得空无性空自
性空无性自性空亦不生此既不生則非外
空乃至無性自性空何以故以不生法離諸
戲論不可施設爲内空等故憍尸迦真如亦
不生此既不生則非真如法界法性不虚妄
性不變異性平等性離生性法定法住實際
虚空界不思議界亦不生此既不生則非法
界乃至不思議界何以故以不生法離諸戲
論不可施設爲真如等故

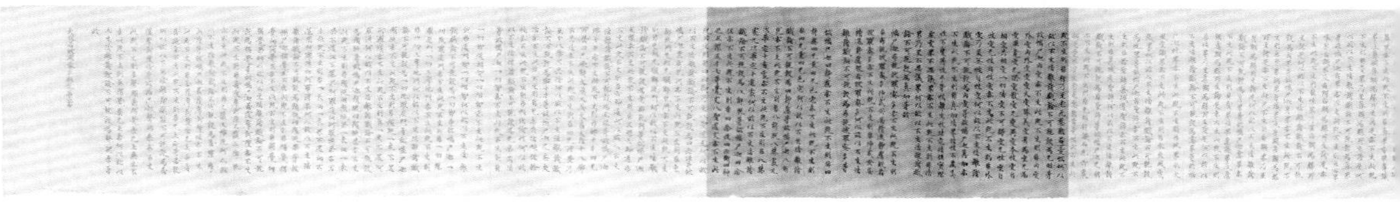

波羅蜜多亦不生此既不生則非淨戒安忍
精進靜慮般若波羅蜜多何以故以不生法
離諸戲論不可施設爲布施波羅蜜多等
故憍尸迦四靜慮亦不生此既不生則非四
靜慮四无量四无色定亦不生此既不生則
非四无量四无色定何以故以不生法離諸
戲論不可施設爲四靜慮等故憍尸迦八解
脫亦不生此既不生則非八解脫八勝處九
次第定十遍處亦不生此既不生則非八勝
處九次第定十遍處何以故以不生法離諸
戲論不可施設爲八解脫等故憍尸迦四念
住亦不生此既不生則非四念住四正斷四神
足五根五力七等覺支八聖道支亦不生此

BD00870　大般若波羅蜜多經卷八四

是五根五力七等覺支八聖道支亦不生此
既不生則非四正斷乃至八聖道支何以故
以不生法離諸戲論不可施設為四念住等故
憍尸迦空解脫門亦不生此既不生則非空
解脫門无相无願解脫門亦不生此既不生
則非无相无願解脫門何以故以不生法離
諸戲論不可施設為空解脫門等故憍尸迦
五眼亦不生此既不生則非五眼六神通亦
不生此既不生則非六神通何以故以不生
法離諸戲論不可施設為五眼等故憍尸迦
佛十力亦不生此既不生則非佛十力四无
所畏四无礙解大慈大悲大喜大捨十八佛
不共法亦不生此既不生則非四无所畏乃
至十八佛不共法何以故以不生法離諸戲
論不可施設

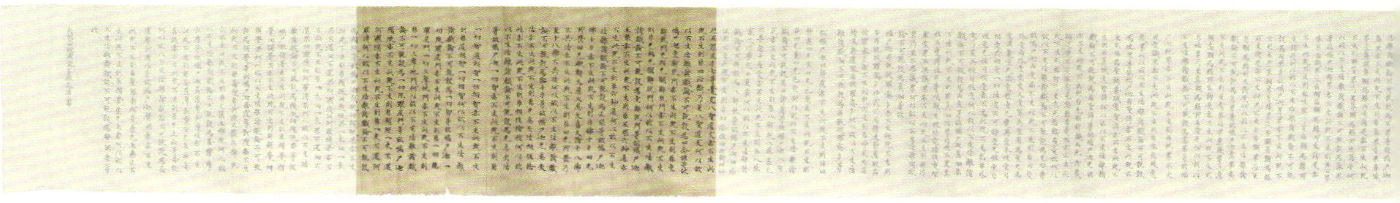

性亦不生此既不生則非恒住捨性何以故
以不生法離諸戲論不可施設為无忘失法
等故憍尸迦一切智亦不生此既不生則非
一切智道相智一切相智亦不生此既不生
則非道相智一切相智何以故以不生法離
諸戲論不可施設為一切智等故憍尸迦一
切陁羅尼門亦不生此既不生則非一切陁
羅尼門一切三摩地門亦不生此既不生則
非一切三摩地門何以故以不生法離諸戲
論不可施設為一切陁羅尼門等故憍尸迦
預流亦不生此既不生則非預流一來不還
阿羅漢亦不生此既不生則非一來不還阿
羅漢何以故以不生法離諸戲論不可施設

BD00870　大般若波羅蜜多經卷八四

羅漢何以故以不生法離諸戲論不可施設
爲預流等故憍尸迦預流向預流果亦不生
此既不生則非預流向預流果一來向一來
果不還向不還果阿羅漢向阿羅漢果亦不
生此既不生則非一來向一來果不還向不
還果阿羅漢向阿羅漢果何以故以不生法
離諸戲論不可施設爲預流向預流果等故
憍尸迦獨覺亦不生此既不生則非獨覺獨
覺向獨覺果亦不生此既不生則非獨覺向
獨覺果何以故以不生法離諸戲論不可施
設爲獨覺等故憍尸迦菩薩摩訶薩亦不生
此既不生則非菩薩摩訶薩三藐三佛陁
亦不生此既不生則非三藐三佛陁何以故
以不生法離諸戲論不可施設爲菩薩摩

菩提亦不生此既不生則非无上正等菩提
何以故以不生法離諸戲論不可施設為菩
薩摩訶薩法等故憍尸迦聲聞乘亦不生
此既不生則非聲聞乘獨覺乘无上乘亦不
生此既不生則非獨覺乘无上乘何以故以
不生法離諸戲論不可施設為聲聞乘等
故

大般若波羅蜜多經卷第八十四

BD00870　大般若波羅蜜多經卷八四

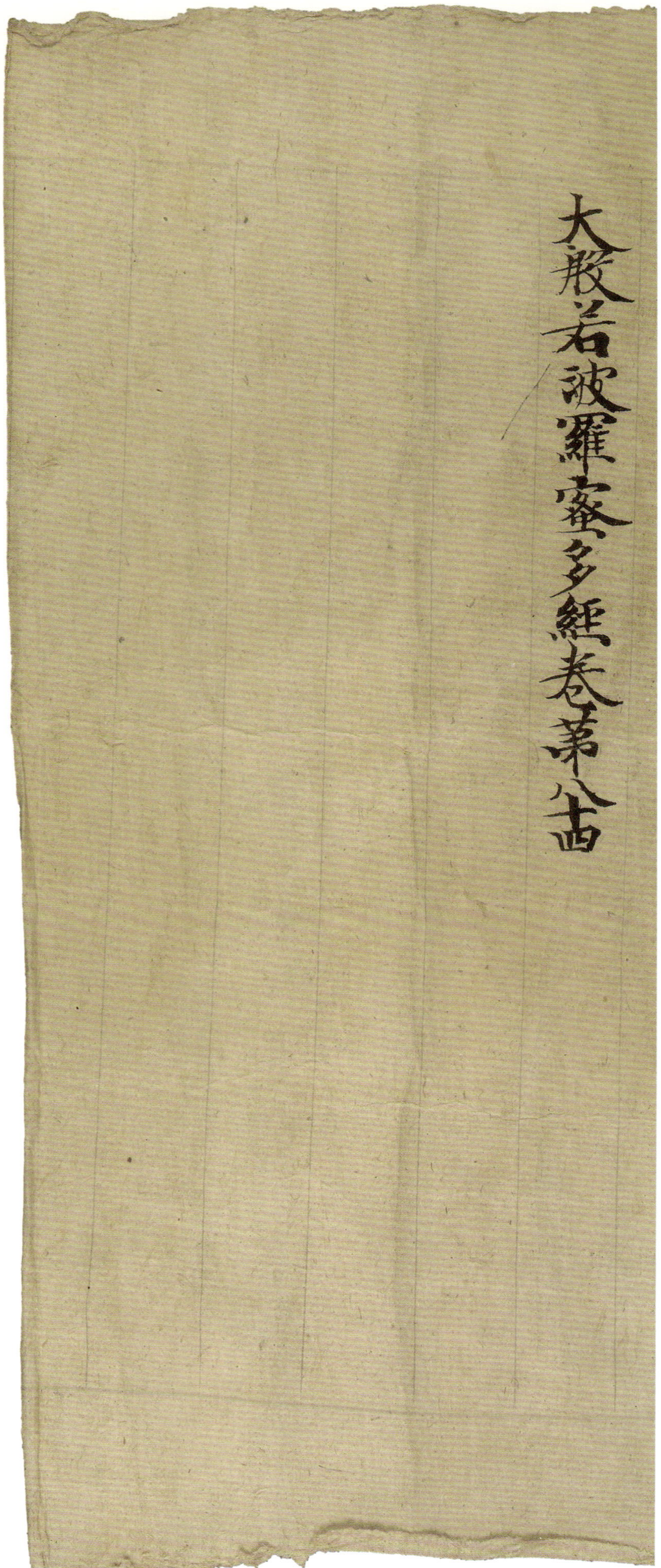

大般若波羅蜜多經卷第八十四

BD00870v　勘記

BD00871　無量壽宗要經（甲本）

165.5cm × 31cm

大乘无量壽經

如是我聞一時薄伽梵在舍衛國祇樹給孤獨薗与大苾蒭僧千二百五十人大菩薩摩訶薩衆俱
同會坐尒時世尊告曼殊室利童子曼殊上方有世界名无量功德聚彼土有佛号无量智決
定王如來阿耨多羅三藐三菩提 衆生開示說法曼殊室利諦聽南閻浮提人皆短壽大限百
年於中夭枉横死衆曼殊是无量壽如來功德名稱法要若有衆生得聞名号若自書或使人書能
為經卷受持讀誦若於宅舍所住之處以種種花鬘瓔珞塗香末香為供養如其命盡復得延年
滿足百歲如是曼殊若有衆生得聞是无量壽智決定王如來一百八名号者益其長壽若有衆生命盡
憶念是如來名号更得增壽如是曼殊若有善男子善女人欲求長壽於是无量壽如來一百八名号
有得聞若或自書使人書受持讀誦得如是果報福德具足陁羅尼曰世尊復曼殊室利如是如來
一百八名号若有自書或使人書為經卷受持讀誦如壽命盡復滿百年壽從此身後得往生无
量福智世界无量壽淨土陁羅尼曰 南无薄伽勃底一阿波利蜜多二阿喻紇硯娜三須毗你悉
指陁四囉左耶五怛他羯他耶六怛姪他唵七薩婆桒悉迦羅八波唎輸底九達磨底十伽伽娜十一莎
訶某特迦底十二薩婆婆毗輸底十三摩訶娜耶十四波唎婆唎莎訶 尒時九十九俱胝佛等一時同聲
說是无量壽宗要經陁羅尼曰 南无薄伽勃底一阿波唎蜜多二阿喻紇硯娜三須毗你悉指陁
羅佐耶五怛他羯他耶六怛姪他唵七薩婆桒悉伽羅八波唎輸底九達磨底十伽伽娜十一莎婆某特

聲說是无量壽宗要經陁羅尼曰

毗你悉指耶四 羅佐耶五 怛他羯他耶六 怛姪他唵七 薩婆桑悉迦羅八 波唎輸底九 達摩底十 伽迦娜十一

薩婆其特伽底十二 薩婆婆毗輸底十三 摩訶娜耶十四 波唎婆利莎訶十五 介時復有七姟佛一時同

聲說是无量壽宗要經陁羅尼曰 南无薄伽勃底一 阿波唎蜜多二 阿喻紇硯娜三 須毗你悉

指耶四 羅佐耶五 怛他羯底他六 怛姪他唵七 薩婆桑悉迦羅八 波唎輸底九 達摩底十 伽迦娜

薩婆其特伽底十二 薩婆婆毗輸底十三 摩訶娜耶十四 波利婆利莎訶十五 介時復有六十五姟佛

一時同聲說是无量壽宗要經陁羅尼曰 南无薄伽勃底一 阿波利蜜多二 阿喻紇硯

娜三 須毗你悉指陁三 羅佐耶四 怛他羯底他六 怛姪他唵七 薩婆桑悉迦羅八 波利輸底九 達磨

底十 伽迦娜十一 薩婆其特迦底十二 薩婆婆毗輸底十三 摩訶娜耶十四 波利婆利莎訶十五

介時復有五十五姟佛一時同聲說是无量壽宗要經陁羅尼曰 南无薄伽勃底一 阿

波利蜜多二 阿喻紇硯娜三 須毗你悉指陁四 羅佐耶五 怛他羯底耶六 怛姪他唵七 薩婆桑

悉迦羅八 伽迦娜九 波利輸底十 達磨底十一 薩婆其特迦底十二 薩婆婆毗輸底十三 摩訶娜耶十四 波

利婆利莎訶十五 介時復有四十五姟佛一時同聲說是无量壽宗要經陁羅尼曰 南无薄伽

勃底一 阿波利蜜多二 阿喻紇硯娜三 須毗你悉指耶四 羅佐耶五 怛他羯底六 怛姪他唵七 薩婆桑

悉伽羅八 波利輸底九 達磨底十 伽迦娜十一 薩婆其特伽底十二 薩婆婆毗輸底 摩訶娜耶十四 波

利婆利莎訶十五 介時復有三十六姟佛一時同聲說是无量壽宗要經陁羅尼曰

南无薄伽勃底一 阿波利蜜多二 阿喻紇硯娜三 須毗你悉指陁四 羅佐耶五 怛他羯底耶六 怛姪

他唵七 薩婆桑悉迦羅八 波利輸底九 達磨底十 伽迦娜十一 薩婆其特迦底十二 薩婆婆毗輸底

BD00871 無量壽宗要經（甲本）

南无薄伽勃底一阿波利蜜多二阿喻紇硯娜三須毗你悉指陀四羅佐耶五怛他羯他耶六怛姪
他唵七薩婆桑悉迦羅八波利輸底九達磨底十伽伽娜十一薩婆其特迦底十二薩婆婆毗輸底十三
十三摩訶娜耶十四波利薩利莎訶十五尒時復有二十五俱胝佛一時同聲說是無量壽宗要經陀羅尼曰
南无薄伽勃底一阿波利蜜多二阿喻紇硯娜三須毗你悉指陀四羅佐耶五怛他羯他耶六怛姪他
唵七薩婆桑悉迦羅八波利輸底九達磨底十伽伽娜十一薩婆其特伽底十二薩婆婆毗輸底十三
摩訶娜耶十四波利婆利莎訶十五尒時復有恒河沙佛一時同聲說是無量壽宗要經陀羅尼曰
南无薄伽勃底一阿波利蜜多二阿喻紇硯娜耶三須毗你悉指陀四羅佐耶五怛他羯他耶六怛姪他唵七
薩婆桑悉迦羅八波利輸底九達磨底十伽伽娜十一薩婆其特伽底十二薩婆婆毗輸底十三摩訶娜
耶十四波利薩利莎訶十五善男子若有自書寫教人書寫是無量壽宗要經如其命盡復得長
壽而滿百年陀羅尼曰南无薄伽勃底一阿波利蜜多二阿喻紇硯娜三須毗你悉指陀四羅佐耶五
怛他羯底耶六怛姪他唵七薩婆桑悉伽羅八波利輸底九達磨底十伽伽娜十一薩婆其特伽底十二
薩婆婆毗輸底十三摩訶娜耶十四波利婆利莎訶十五若有自書寫教人書寫是無量壽
宗要經讀誦受持畢竟不墮地獄在在所生得宿命智陀羅尼曰南无薄伽勃底一阿波利
蜜多二阿喻紇硯娜三須毗你悉指陀四羅佐耶五怛他羯底六怛姪他唵七薩婆桑悉伽羅八
波利輸底九達磨底十伽伽娜十一薩婆其特伽底十二薩婆婆毗輸底十三摩訶娜耶十四波利婆利
莎訶十五若有自書寫教人書寫是無量壽宗要經受持讀誦如同書寫八萬四千一切經典陀羅尼曰
南无薄伽勃底一阿波利蜜多二阿喻紇硯娜三須毗你悉指陀四羅佐耶五怛他羯他耶六怛姪他唵七

南无薄伽勃底一阿波利蜜多二阿喻紇硯三須毗你悉指耶四羅佐耶五怛他羯底六怛姪他唵七薩婆桒
悉迦羅八波利輸底九達磨底十伽迦娜十一薩婆其特迦底十二薩婆婆毗輸底十三摩訶娜耶十四波利婆利
莎訶十五若有自書寫教人書寫是无量壽宗要經能消五无間一切重罪陁羅尼曰
南无薄伽勃底一阿波利蜜多二阿喻紇硯娜三須毗你悉指陁四羅佐羅五怛他羯底六怛姪他
唵七薩婆桒悉伽羅八波利輸底九達磨底十伽迦娜十一薩婆其特伽底十二薩婆婆毗輸底十三摩訶
娜耶十四波利婆利莎訶十五若有自書寫教人書寫是无量壽宗要經受持讀誦設有重罪猶如
須弥盡能滅除陁羅尼曰南无薄伽勃底一阿波利蜜多二阿喻紇硯娜三須毗你悉指陁四羅佐
娜五怛他羯他耶六怛姪他唵七薩婆桒悉迦羅八波利輸底九達磨底十伽迦娜十一薩婆其特伽底
薩婆婆毗輸底十三摩訶娜耶十四波利婆利莎訶十五若有自書寫教人書寫是无量壽宗
要經受持讀誦魔之眷屬夜叉羅剎不得其便終无枉死陁羅尼曰南无薄伽勃底
阿波利蜜多二阿喻紇硯娜三須毗你悉指陁四羅佐耶五怛他羯底六怛姪他唵七薩婆桒悉
伽羅八波利輸底九達磨底十伽迦娜十一薩婆其特伽底十二薩婆婆毗輸底十三摩訶娜耶十四波利婆利
莎訶十五若有自書寫教人書寫是无量壽宗要經受持讀誦當命終時有九十九億
佛現其人前蒙千佛受手能遊一切佛剎莫於此經生於疑惑陁羅尼曰南无薄伽勃底一阿
波利蜜多二阿喻紇硯娜三須毗你悉指陁四羅佐耶五怛他羯底六怛姪他唵七薩婆桒悉伽羅八
波利輸底九達磨底十伽迦娜十一薩婆其特迦底十二薩婆婆毗輸底十三摩訶娜耶十四波利婆利莎
訶十五若有自書寫教人書寫是无量壽宗要經受持讀誦常得四天大王隨其衛護陁羅尼曰

BD00871　無量壽宗要經（甲本）

波利輸底 達摩底 伽迦娜……
訶十五 若有自書寫教人書寫是无量壽宗要經受持讀誦常得四天大王隨其衛護陁羅尼曰
南无薄伽勃底一 阿波利蜜多二 阿喻紇硯娜三 須毗你悉指陁四 羅佐耶五 怛他羯底六 怛
姪他唵七 薩婆桒悉迦羅八 波利輸底九 達摩達十 伽迦娜十一 薩婆某特迦底十二 薩婆婆毗
輸底十三 摩訶娜耶十四 波利婆利莎訶十五 若有自書寫教人書寫是无量壽宗要經
受持讀誦當得往生西方極樂世界阿弥陁佛土陁羅尼曰 南无薄伽勃底一 阿波利蜜
多二 阿喻紇硯娜三 須毗你悉指陁四 羅佐耶五 怛他羯底六 怛姪他唵七 薩婆桒悉伽羅八 波利輸
底九 達摩底十 伽迦娜十一 薩婆某特伽底十二 薩婆婆毗輸底十三 摩訶娜耶十四 波利婆利莎訶十五
若有方所自書寫使人書寫是无量壽經典之處則為是塔皆應恭敬作礼若是畜
生或為鳥獸得聞是經如是等類皆當不久得成一切種智陁羅尼曰
南无薄伽勃底一 阿波利蜜多二 阿喻紇硯娜三 須毗你悉指陁四 羅佐耶五 怛他羯底六 怛姪
他唵七 薩婆桒悉迦羅八 波利輸底九 達摩底十 伽迦娜十一 薩婆某特迦底十二 薩婆婆毗
輸底十三 摩訶娜耶波利婆利莎訶十五 若有於是无量壽經自書寫使人書寫畢
竟不受女人之身陁羅尼曰一 南无薄伽勃底一 阿波利蜜多二 阿喻紇硯娜三
須毗你悉指陁四 羅佐娜五 怛他羯底六 怛姪他唵七 薩婆桒悉伽羅八 波利輸底九 達
摩底十 伽迦娜十一 薩婆某特迦底十二 薩婆婆毗輸底十三 摩訶娜耶十四 波利婆利莎訶十五
若有能於是經少分能惠施者等於三千大千世界滿中七寶布施陁羅尼曰

娑嚩輸底十二　摩訶娜耶十三　波利婆利莎訶十四　若有能供養是經者則是供養一切諸經
无有異陁羅尼曰　南无薄伽勃底一　阿波利蜜多二　阿喻紇硯娜三　須毗你悉指陁四
羅佐耶六　怛他羯底七　怛姪他唵八　薩婆桑悉迦羅九　波利輸底十　達摩底十一　伽迦娜耶十二
薩婆毗特迦底十二　薩婆婆毗輸底十三　摩訶娜耶十四　波利婆利莎訶十五
如是毗婆尸佛　尸棄佛　毗舍浮佛　俱留孫佛　俱那含牟尼佛　迦葉佛　釋迦牟尼佛　若有人以
七寶供養如是七佛其福有限書寫受持是无量壽經典所有功德不可限量陁羅
尼曰　南无薄伽勃底一　阿波利蜜多二　阿喻紇硯娜三　須毗你悉指陁四　羅佐耶五　怛他羯
底耶十　怛姪他唵七　薩婆桑悉迦羅八　波利輸底九　達摩底十　伽迦娜十一　薩婆毗特迦底
薩婆婆毗輸底十三　摩訶娜耶十四　波利婆利莎訶十五
若有七寶等於須弥以用布施其福上能智其限量是无量壽經典其福不可知數陁羅
尼曰　南无薄伽勃底一　阿波利蜜多二　阿喻紇硯娜三　須毗你悉指陁四　羅佐耶五　怛他羯底
耶六　怛姪他唵七　薩婆桑悉迦羅八　波利輸底九　達摩底十　伽迦娜十一　薩婆毗特伽底十二
薩婆婆毗輸底十三　摩訶娜耶十四　波利婆利莎訶十五
如是四大海水可知滴數是无量壽經典所生果報不可數量陁羅尼曰南
无薄伽勃底一　阿波利蜜多二　阿喻紇硯娜三　須毗你悉指陁四　羅佐耶五　怛他羯底耶六
怛姪他唵七　薩婆桑悉迦羅八　波利輸底九　達摩底十　伽迦娜十一　薩婆毗特伽底十二　薩

怛姪他唵七 薩婆桒悉迦羅八 波利輸底九 達摩底十 伽迦娜十一 薩婆其特伽底十二 薩
婆婆毗輸底十三 摩訶娜耶十四 波利婆利莎訶十五 若有自書使人書寫是无量壽
典經又能禮持供養即是恭敬供養一切十方佛土如來无有别異陁羅尼日
南无薄伽勃底一 阿波利蜜多二 阿喻紇硯娜三 須毗你悉指陁四 羅佐耶五 怛他羯他
底六 怛姪他唵七 薩婆桒悉迦羅八 波利輸底九 達摩底十 伽迦娜十一 薩婆其特迦底十二 薩婆
婆毗輸底十三 摩訶娜耶十四 波利婆利莎訶十五
布施力能成正覺 悟布施力人師子 布施力能聲普聞 慈悲階漸最能入
持戒力能成正覺 悟持戒力人師子 持戒力能聲普聞 慈悲階漸最能入
忍辱力能成正覺 悟持戒力人師子 持戒力能聲普聞 慈悲階漸最能入
精進力能成正覺 悟精進力人師子 精進力能聲普聞 慈悲階漸最能入
禪定力能成正覺 悟精進力子師子 精進力能聲普聞 慈悲皆漸最能入
智慧力能成正覺 悟智慧力子師子 智慧力能聲普聞 慈悲階漸最能入
尒時如來說是經已一切世間天人阿修羅揵闥婆等聞佛所說皆大歡喜信受奉行
佛說无量壽宗要經一卷

BD00872　大般若波羅蜜多經卷三六三

（唐）玄奘 譯

192.7cm × 26.4cm

恒住捨性法性此是一切智此是一切智法
性此是道相智一切相智此是道相智一切
相智法性此是預流果此是預流果法性此
是一來不還阿羅漢果此是一來不還阿羅
漢果法性此是獨覺菩提此是獨覺菩提法
性此是一切菩薩摩訶薩行此是一切菩薩
摩訶薩行法性此是諸佛无上正等菩提此
是諸佛無上正等菩提法性善現菩薩摩訶
薩脩行般若波羅蜜多不應如是分別諸法
法性差別而壞法性具壽善現白佛言世尊
若菩薩摩訶薩不應壞諸法性云何如來
自壞諸法法性謂佛嘗說此是色此是受想
行識此是眼處此是耳鼻舌身意處此是色
處此是聲香味觸法處此是[illegible]

是眼識界此是耳鼻舌身意識界此是眼觸
此是耳鼻舌身意觸此是眼觸為緣所生諸
受此是耳鼻舌身意觸為緣所生諸受此是
地界此是水火風空識界此是无明此是行
識名色六處觸受愛取有生老死愁歎苦憂
惱此是內法此是外法此是善法此是非善
法此是有漏法此是无漏法此是世間法此
是出世間法此是共法此是不共法此是有
諍法此是无諍法此是有為法此是无為法
佛既曾說如是等法將无自壞諸法法性佛
言善現我不自壞諸法法性但以名相方便
假說諸法法性令諸有情而得悟入諸法法
性无差別理是故善現我曾不壞諸法法性
具壽善現白佛言世尊若佛但以名相假說

性无差別理是故善現我曾不壞諸法法性
具壽善現白佛言世尊若佛但以名相宣説
諸法法性令諸有情而得悟入云何佛於无
名无相法以名相説令他悟入邪佛言善現
我隨世俗假立名相方便宣説諸法法性而
无執着善現如諸愚夫聞説苦等執着名相
不知假説非諸如來及佛弟子聞説苦等執
着名相然如實知隨世俗説无有真實諸法
名相善現若諸聖者於名着名於相着相如
是亦應於空着空於无相着无相於无願着
无願於真如着真如於實際着實際於法界
着法界於无為着无為善現是一切法但有
假名但有假相而无真實聖者於中亦不住

不應住著
具壽善現白佛言世尊若一切法但有名相
菩薩摩訶薩為何事故發菩提心既發心已
受諸勤苦行菩薩行脩行布施波羅蜜多脩
行淨戒安忍精進靜慮般若波羅蜜多安住
內空安住外空內外空空空大空勝義空有
為空无為空畢竟空无際空散空无變異空
本性空自相空共相空一切法空不可得空
无性空自性空无性自性空安住真如安住
法界法性不虛妄性不變異性平等性離生
性法定法住實際虛空界不思議界脩行四
念住脩行四正斷四神足五根五力七等覺
支八聖道支安住苦聖諦安住集滅道聖諦
脩行四靜慮脩行四无量四无色定脩行八

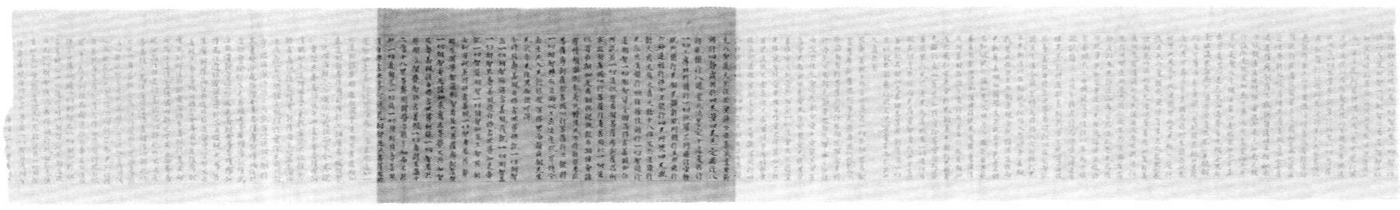

支八聖道支安住苦聖諦安住集滅道聖諦
脩行四靜慮脩行四无量四无色定脩行八
解脫脩行八勝處九次第定十遍處脩行
一切三摩地門脩行一切陁羅尼門脩行空解
脫門脩行无相无願解脫門脩行五眼脩行
六神通脩行佛十力脩行四无所畏四无礙
解大慈大悲大喜大捨十八佛不共法脩行
无忘失法脩行恒住捨性脩行一切智脩行
道相智一切相智皆令圓滿佛言善現如汝
所說若一切法但有名相菩薩摩訶薩為何
事故發菩提心行菩薩行者善現以一切法
但有名相如是名相但假施設名相性空諸
有情類顛倒執著流轉生死不得解脫是故

一切相智

出生死入无餘依般涅槃界而諸名相无生

无滅亦无住異施設可得

尒時具壽善現白佛言世尊佛說一切相智

為一切相智耶佛言善現我說一切相智為

一切相智具壽善現復白佛言世尊如來嘗

說一切智道相智一切相智如是三智其相

云何有何差別佛言善現一切智者是共聲

聞及獨覺智道相智者是共菩薩摩訶薩智

一切相智者是諸如來應正等覺不共妙智

具壽善現復白佛言世尊何緣一切智是共

聲聞及獨覺智佛言善現一切者謂五蘊十

二處十八界等聲聞獨覺亦能了知而不能

知一切道相及一切法一切種相具壽善現

復白佛言世尊何緣道相智是共菩薩摩訶

知一切道相及一切法一切種相具壽善現
復白佛言世尊何緣道相智是共菩薩摩訶
薩智佛言善現諸菩薩摩訶薩應學遍知一
切道相謂聲聞道相獨覺道相菩薩道相如
来道相諸菩薩摩訶薩於此諸道常應脩學
令速圓滿雖令此道作所應作而不令其證
於實際具壽善現復白佛言世尊菩薩摩訶
薩脩如来道得圓滿已豈於實際不作證耶
佛言善現諸菩薩摩訶薩若未圓滿嚴淨佛
土成熟有情脩諸大願猶於實際未應作證
若已圓滿嚴淨佛土成熟有情脩諸大願於
其實際乃應作證世尊菩薩摩訶薩為住於
道證實際耶不也善現世尊菩薩摩訶薩為
住非道證實際耶不也善現世尊菩薩摩訶

[illegible]
薩摩訶薩爲住非道非非道證實際耶不也
善現具壽善現白佛言世尊若尒菩薩摩訶
薩爲何所住而證實際佛告善現於意云何
汝爲住道得盡諸漏心解脫耶不也世尊善
現汝爲住非道得盡諸漏心解脫耶不也世
尊善現汝爲住道非道得盡諸漏心解脫耶
不也世尊善現汝爲住非道非非道得盡諸
漏心解脫耶不也世尊非我有住得盡諸漏
心永解脫然我盡漏心得解脫都无所住佛
言善現菩薩摩訶薩亦復如是脩行般若波
羅蜜多都无所住而證實際具壽善現復白
佛言世尊何緣一切相智名一切相智耶佛
言善現知一切法皆同一相謂寂滅相是故
名爲一切相智復次善現諸行狀相能表諸

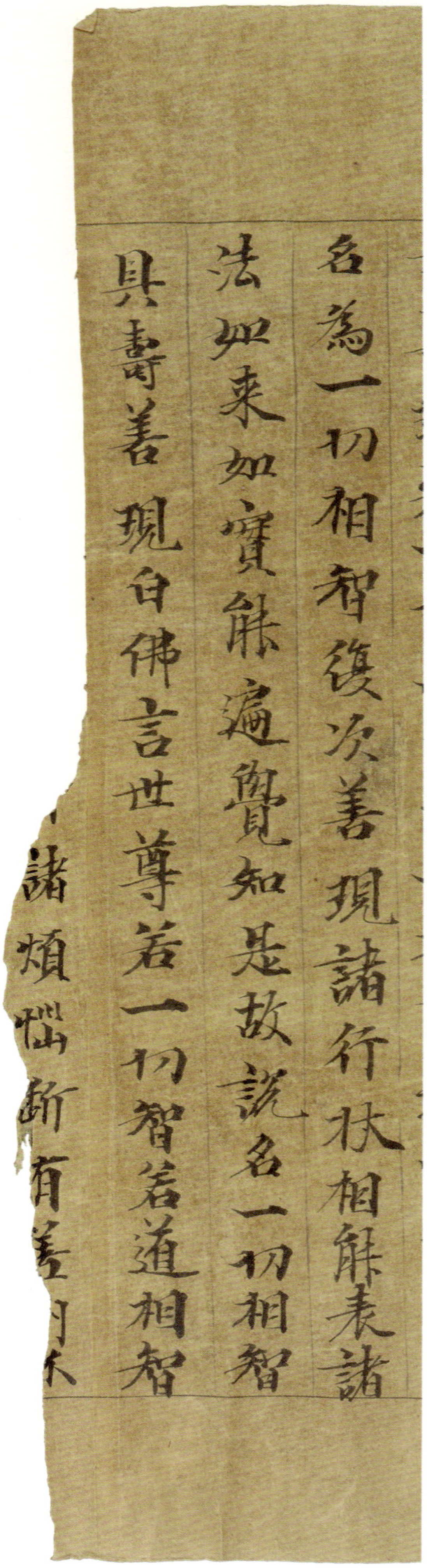
名為一切相智復次善現諸行狀相能表諸
法如來如實能遍覺知是故說名一切相智
具壽善現白佛言世尊若一切智若道相智
諸煩惱斷有差別不

BD00873 大般涅槃經卷四〇

（北涼）曇無讖 譯

754.4cm × 28.4cm

大般涅槃經卷第四十
納衣梵志復作是言瞿曇如瞿曇所
世中作善不善未來還得善不善身
不然何以故如瞿曇說因煩惱故獲得是身
因煩惱獲得身者身爲在先煩惱在先若煩
惱在先誰之所作住在何處若身在先云何
說言因煩惱得是故若言煩惱在先是亦不
可若身在先是亦不可若言一時是亦不可
先後一時義俱不可是故我說一切諸法皆
有自性不從因緣復次瞿曇堅是地性濕是
水性熱是火性動是風性无所罣㝵是虛空
性是五大性非因緣有若使世間有一法性
非因緣有一切法性亦應如是非因緣有若
有一法從於因緣何因緣故五大之性不從
[illegible]獲得[illegible]

故有非因緣生復次瞿曇世間之法有定用
處辟如工匠云如是木任作車轝如是任作
門戶床机亦如金師所可造作在額上者名
之為鬘在頸下者名之為瓔在手上者名之
為釧在指上者名之為環用處定故名為定
性瞿曇一切衆生亦復如是有五道性故有
地獄餓鬼畜生人天若如是者云何說言從
於因緣復次瞿曇一切衆生其性各異是故
名為一切自性瞿曇如龜陸生自能入水犢
子生已能自飲乳魚見鉤餌自然吞食毒蛇
生已自然食土如是等事誰有教者如刺生
已自然頭尖飛鳥毛羽自然色別世間衆生
亦復如是有利有鈍有富有貧有好有醜
有得解脫有不解脫是故當知一切法各有

亦復如是有利有鈍有富有貧有好有醜
有得解脫有不解脫是故當知一切法中各有
自性復次瞿曇如瞿曇說貪欲瞋癡從因緣
生如是三毒因緣五塵是義不然何以故衆
生睡時遠離五塵亦復生於貪欲瞋癡在胎
亦尒初出胎時未能分別五塵好醜亦復生
於貪欲瞋癡諸仙賢聖處在靜處无有五塵
亦能生於貪欲瞋癡亦復有人因於五塵生
於不貪不瞋不癡是故不必從於因緣生一切
法以自性故復次瞿曇我見世人五根不具
多饒財寶得大自在有根具足貧窮下賤不
得自在爲人僕使若有因緣何故如是是故
諸法各有自性不由因緣瞿曇世閒小兒亦
復未能分別五塵或咲或啼咲時知喜啼時
知愁是故當知一切諸法各有自性復次瞿

无角如是二法一是有故不從因緣二是无
故亦非因緣是故諸法有自性故不從因緣
佛言善男子如汝所言如五大性一切諸法
亦應如是是義不然何以故善男子汝法中
以五大是常何因緣故一切諸法悉不是常
若世間物是无常者是五大性何因緣故不
是无常若五大常世間之物亦應是常是故
汝說五大之性有自性故不從因緣令一切法
同五大者无有是處若善男子汝言用處定故
有自性者是義不然何以故皆從因緣得名
字故若從因緣得名亦從因緣得義云何名為從
因得名如在額上名之為鬘在頸名瓔在手
名釧在車名輪火在草木名草木火善男子
樹初生時无箭稍性

名玑在車名輪火在草木名草木火善男子
樹初生時无箭稍性從因緣故工造為箭從
因緣故工造為稍是故不應說一切法有自
性也汝言如龜陸生性自入水犢子生已性
能飲乳是義不然何以故若言入水非因緣
者俱非因緣何不入火犢子生已性能噉乳
不從因緣俱非因緣何不噉角善男子若言
諸法悉有自性不須教習无有增長是義不
然何以故今見有教緣教增長是故當知无
有自性善男子若一切法有自性者諸婆羅
門一切不應為清淨身煞羊祀祠若為身祠
是故當知无有自性善男子世間語法凡有
三種一者欲作二者作時三者作已若一切法
有自性者何故世中有是三語有三語故故知

何緣作漿作蜜石蜜酒苦酒等若有一性何
緣乃出如是等物若一物中出如是等當知
諸法不得一定各有一性善男子若一切法
有定性者聖人何故飲甘蔗漿石蜜黑蜜酒
時不飲後為苦酒復還得飲是故當知無有
定性若無定性云何不因因緣而有善男子
汝說一切法有自性者云何說喻若有喻者
當知諸法無有自性若有自性當知無喻世
間智者皆說譬喻當知諸法無有自性無有
一性善男子汝言身為在先煩惱先者是義
不然何以故若我當說身在先者汝可難言
汝亦同我身不在先何因緣故而作是難善
男子一切眾生身及煩惱俱無先後一時而

男子一切衆生身及煩惱俱無先後一時而
有雖一時有要因煩惱而得有身終不因身
有煩惱也汝意若謂如人二眼一時而得不
相因待左不因右右不因左煩惱及身亦如
是者是義不然何以故善男子世閒眼見炷
之與明雖復一時明要因炷終不因明而有
炷也善男子汝意若謂身不在先故知無因
是義不然何以故若以身先無因緣故名爲
無者汝不應說一切諸法皆有因緣若言不
見故不說者今見瓶等從因緣出何故不說如
瓶身先因緣亦復如是善男子若見不見一切
諸法皆從因緣無有自性善男子若言一切
法悉有自性無因緣者汝何因緣說於五大
是五大性即是因緣善男子五大因緣雖復
如是亦不應說諸法皆同五大因緣如世人說

勤持戒善男子汝言五大有定堅性我觀是
性轉故不定善男子蘇鑞胡膠於汝法中名
之為地是地不定或同於水或同於地故不得
說自性故堅善男子白鑞鈆錫銅鐵金銀於
汝法中名之為火是火四性流時水性動
時風性熱時火性堅時地性云何說言定名
火性善男子水性名流若水凍時不名為地
故名水者何因緣故波動之時不名為風若
動不名風凍時亦應不名為水若是二義從
因緣者何故說言一切諸法不從因緣善男
子若言五根性能見聞覺知觸者皆是自
性不從因緣是義不然何以故善男子自性之
性性不可轉若言眼性見者常應能見不應

性性不可轉若言眼性見者常應能見不應
有見有不見時是故當知從因緣見非無因緣
汝言非因五塵生貪解脫是義不然何以故
善男子生貪解脫雖復不因五塵因緣惡覺觀
故則生貪欲善覺觀故則得解脫善男子內
因緣故生貪解脫外因緣故則能增長是故
汝言一切諸法各有自性不因五塵生貪解
脫無有是處善男子汝言具是諸根乏於財
物不得自在諸根殘缺多饒財寶得大自在
因此以明有自性故不從因緣者是義不然
何以故善男子衆生從業而有果報如是果
報則有三種一者現報二者生報三者後報
貧窮巨富根具不具是業各異若有自性具
諸根者應饒財寶饒財寶者應具諸根今則
不尒是故定知無有自性皆從因緣如汝

是故一切有自性者是義不然何以故若自
性者咲應常咲啼應常啼不應一咲一啼若
一咲一啼當知一切悉從因緣是故不應說
一切法有自性故不從因緣梵志言世尊若
一切法從因緣有如是身者從何因緣佛言
善男子是身因緣煩惱與業梵志言世尊如
其是身從煩惱業是煩惱業可斷不耶佛言
如是如是梵志復言世尊唯願為我分別解
說令我聞已不移是處悉得斷之佛言善男
子若知二邊中間無㝵是人則能斷煩惱業
世尊我已知解得正法眼佛言汝云何知世
尊二邊即色及色解脫中間即是八正道也
受想行識亦復如是佛言善哉善哉善男子
善知二邊斷煩惱業世尊唯願慈[illegible]

受想行識亦復如是佛言善哉善哉善男子
善知二邊斷煩惱業世尊唯願聽我出家受
戒佛言善來比丘即時斷除三界煩惱得阿
羅漢果
尒時復有一婆羅門名曰知廣復作是言瞿
曇知我今所念不佛言善男子涅槃是常有
為無常曲即耶見直即聖道婆羅門言瞿曇
何因緣故作如是說善男子汝意每謂乞食
是常別請無常曲是户鑰直是帝幢是故我
說涅槃是常有為無常曲謂耶見直謂八正
非如汝先所思惟也婆羅門言瞿曇實知我
心是八正道悉令衆生得盡滅不尒時世尊
嘿然不荅婆羅門言瞿曇已知我心我今所
問何故嘿然而不見荅時憍陳如即作是言
大婆羅門汝問世間有邊無邊[illegible]

[illegible]
藏盡若不脩習則不能得大婆羅門辟如大
城其城四壁都無孔竅唯有一門其守門者
聰明有智能善分別可放則放可遮則遮雖
不能知出入多少定知一切有入出者皆由
此門善男子如來亦尒城喻涅槃門喻八正
守門之人喻於如來善男子如來今者雖不
答汝盡與不盡其有盡者要當脩習是八正
道婆羅門言善哉善哉大德憍陳如如來善
能說微妙法我今實欲知城知道自作守門
憍陳如言善哉善哉汝婆羅門能發無上廣
大之心佛言止止憍陳如是婆羅門非適今
日發是心也憍陳如乃往過去過無量佛有
佛世尊名普光明如來應正遍知明行足善

佛世尊名善光明如來應正遍知明行足善
逝世間解無上士調御丈夫天人師佛世尊
是人先已於彼佛所發阿耨多羅三藐三菩
提心此賢劫中當得作佛久已通達了知法
相爲衆生故現處外道亦無所知以是因緣
汝憍陳如不應讚言善哉善哉汝今能發如
是心尒時世尊知已即告憍陳如言阿難
比丘今爲所在憍陳如言世尊阿難比丘在
娑羅林外去此大會十二由延而爲六万四
千億魔之所嬈亂是諸魔衆悉自變身爲如
來像或有宣說一切諸法從因緣生或有說
言一切諸法不從因生或有說言一切因緣
皆是常法從緣生者悉是無常或有說言五
陰是實或說虛假入界亦尒或有說言有十二
因緣或有說言正有四緣或說者去

曰思得法或有說言曰脩得法或復有說
不淨觀法或復有說出息入息或復有說四
念處觀或復有說三種觀義七種方便或復
有說煖法頂法忍法世閒第一法學無學地
菩薩初住乃至十住或有說空無相無作或
復有說脩多羅祇夜毗伽羅那伽陁憂陁那
尼陁那阿波陁那伊帝曰多伽闍陁伽毗佛略
阿浮陁達摩憂波提舍或說四念處四正勤
四如意足五根五力七覺八聖道或說內空
外空內外空有為空無為空無始空性空遠
離空散空自相空無相空陰空入空界空善空
不善空無記空菩提空道空涅槃空行空
得空第一義空空空空大空或有示現神
通變化

得空第一義空空空大空或有示現神
通變化身出水火或身上出水身下出火身
下出水身上出火左脅在下右脅出水右脅
在下左脅出水一脅震雷一脅降雨或有
示現諸佛世界或復示現菩薩初生行至
七步處在深宮受五欲時初始出家脩苦行
時往菩提樹坐三昧時壞魔軍衆轉法輪時
示大神通入涅槃時世尊阿難比丘見是事
已作是念言如是神變昔來未見誰之所作
將非世尊釋迦作耶欲起欲語都不從意阿
難比丘入魔罥故復作是念諸佛所說各各
不同我於今者當受誰語世尊阿難今者極
受大苦雖念如來無能救者以是因緣不來
至此大衆之中

藐三菩提心至無量生發菩提心已能供養
無量諸佛其心堅固具足脩行檀波羅蜜乃
至般若波羅蜜成就功德久已親近無量諸
佛淨脩梵行得不退轉菩提之心得不退忍
不退轉持得如法忍首楞嚴等無量三昧如
是等輩聞大乘經終不生疑善能分別宣
說三寶同一性相常住不變聞不思議不生
驚怪聞種種空心不怖懼了了通達一切法
性能持一切十二部經廣解其義亦能受持
無量諸佛十二部經何憂不能受持如是
大涅槃典何因緣故問憍陳如阿難所在
尒時世尊告文殊師利諦聽諦聽善男子我
成佛已過三十年住王舍城尒時我告諸比丘

尒時世尊告文殊師利諦聽諦聽善男子我
成佛已過三十年住王舍城尒時我告諸比丘
言諸比丘今此衆中誰能爲我受持如來十
二部經并給左右所須之事亦使不失自身
善利時憍陳如在彼衆中來白我言我能受
持十二部經供給左右不失所作自利益事
我言憍陳如汝已朽邁當須使人云何方欲
爲我給使時舍利弗復作是言我能受持佛
一切語供給所須不失所作自利益事我言
舍利弗汝已朽邁當須使人云何方欲爲我
給使乃至五百諸阿羅漢皆亦如是佛悉不
受尒時目連在大衆中作是思惟如來今者不
受五百比丘給使佛意爲欲令誰作耶思惟
是已即便入定見如來心在阿難許如日初
出光照西壁見是事已即從定起語憍陳如

大德我觀如來欲令阿難給事左右今時憍
陳如與五百阿羅漢往阿難所作如是言阿
難汝今當為如來給使請受是事阿難言諸
大德我實不堪給事如來何以故如來尊重
如師子王如龍如火我今穢弱云何能辦諸
比丘言阿難汝受我語給事如來得大利益
第二第三亦復如是阿難言諸大德我亦不
求大利益事實不堪任奉給左右時目揵連
復作是言阿難汝今未知阿難言大德唯願
說之目揵連言如來先日僧中求使五百羅
漢皆求為之如來不聽我即入定見如來意
欲令汝為汝今云何反更不受阿難聞已合
掌長跪作如是言諸大德若有是事如來世
尊與我三願當順僧命給事左右目揵連言

尊与我三願當順僧命給事左右目揵連言
何等三願阿難言一者如來設以故衣賜我聽
我不受二者如來設受檀越別請聽我不
往三者聽我出入無有時節如是三事佛若
聽者當順僧命奉給如來時憍陳如五百比
丘還來我所作如是言我等已勸阿難比丘
唯求三願若佛聽者當順僧命文殊師利我於
尒時讚阿難言善哉善哉阿難比丘具足智慧
豫見譏嫌何以故當有人言汝為衣食奉給如
來是故先求不受故衣不隨別請憍陳如阿難
比丘具足智慧入出有時則不能得廣作利
益四部之衆是故求欲出入無時憍陳如我
為阿難開是三事隨其意願時目揵連還
向阿難所語阿難言吾已為汝啓請三事如來
大慈已見聽許阿難言大德若佛聽者請往

種不可思議何等為八一者事我已來二十餘
年初不隨我受別請食二者事我已來初不
受我陳故衣服三者自事我來至我所時終
不非時四者自事我來具足煩惱隨我入出
諸王刹利豪貴大姓見諸女人及天龍女不
生欲心五者自事我來持我所說十二部經
一逕於耳曾不再問如寫瓶水置之一瓶唯
除一問善男子流離太子煞諸釋氏壞迦毗
羅城阿難尒時心懷愁惱發聲大哭來至我
所作如是言我與如來俱生此城同一釋種
云何如來光顏如常我則憔悴我時荅言阿
難我脩空定故不同汝過三年已還來問我
世尊我往於彼迦毗羅城曾聞如來脩空三

世尊我往於彼迦毗羅城曾聞如來脩空三
昧是事虛實我言阿難如是如是如汝所說
六者自事我來雖未獲得知他心智當知如
來所入諸定七者自事我未未得願智而能
了知如是衆生到如來所現在能得四沙門
果有後得者有得人身有得天身八者自事我
來如來所有秘密之言悉能了知善男子阿
難比丘具足如是八不思議是故我稱阿難
比丘為多聞藏善男子阿難比丘具足八法
能具足持十二部經何等為八一者信根堅
固二者其心質直三者身無病苦四者常勤
精進五者具足念心六者心無憍慢七者成
就定意八者具足從聞生智文殊師利毗婆尸
佛侍者弟子名阿叔迦亦復具足如是八

者弟子名曰枤提迦那牟尼佛侍者弟子名
曰蘇揵迦葉佛侍者弟子名葉婆蜜多皆亦
具足如是八法我今阿難亦復如是具足八
法是故我稱阿難比丘為多聞藏善男子如
汝所說此大衆中雖有無量無邊菩薩是諸
菩薩皆有重任所謂大慈大悲如是慈悲之
因緣故各各怱務調伏眷屬莊嚴自身以
是因緣我涅槃後不能宣通十二部經若有
菩薩或時能說人不信受文殊師利阿難比丘
是五之弟給事我來二十餘年所可聞法具足
受持喻如寫水置之一器是故我今顧問阿
難為何所在欲令受持是涅槃經善男子我
涅槃後阿難比丘所未聞者弘廣菩薩當能

涅槃後阿難比丘所未聞者弘廣菩薩當能
流布阿難所聞自能宣通文殊師利阿難比
丘今在他處去此會外十二由延而爲六万
四千億魔之所惱乱汝可往彼發大聲言一
切諸魔諦聽諦聽如來今說大陁羅尼一切
天龍乹闥婆阿脩羅迦樓羅緊那羅摩睺
羅伽人與非人山神樹神河神海神舍宅等
神聞是持名無不恭敬受持之者是陁羅尼
十恒河沙諸佛世尊所共宣說能轉女身自
識宿命若受五事一者梵行二者斷肉三者
斷酒四者斷辛五者樂在寂靜受五事已至
心信受讀誦書寫是陁羅尼當知是人則得
超越七十七億弊惡之身尒時世尊即便說
之

[illegible]
娑婆陁婆檀尼　波羅摩他娑檀尼　摩那斯
阿拙啼　比羅祇　菴摩賴坛
婆嵐弥　婆嵐摩娑棘　富沾富那
摩奴賴綈
尒時文殊師利從佛受是陁羅尼已至阿難
所在魔衆中作如是言諸魔眷属諦聽我説
所從佛受陁羅尼呪魔王聞是陁羅尼已悉
發阿耨多羅三藐三菩提心捨於魔業即放
阿難文殊師利與阿難俱来至佛所阿難見
佛至心礼敬却住一面
佛告阿難是娑羅林外有一梵志名須䟦陁
其年極老已百二十雖得五通未捨憍慢獲
得非想非非想定生一切智起涅槃想汝可

其今極老已百二十雖得五通未捨憍慢獲
得非想非非想定生一切智起涅槃想汝可
往彼語須拔言如来出世如優曇華於今中
夜當般涅槃若有所作可及時作莫於後日
而生悔心阿難汝之所說彼定信受何以故
汝曾往昔五百世中作須跋陁子其人愛心
習猶未盡以是因緣信受汝語尒時阿難受
佛勅已往須跋所作如是言仁者當知如来
出世如優曇華於今中夜當般涅槃欲有所
作可及時作莫於後日生悔心也須跋陁言
善哉阿難我今當往至如来所
尒時阿難與須跋陁還至佛所時須跋陁到
已問訊作如是言瞿曇我今欲問隨我意荅
佛言須跋今正是時隨汝所問我當方便隨
汝意荅瞿曇有諸沙門婆羅門皆作如是

故若有持戒精進受身心苦能壞本業本業
既盡衆苦盡滅衆苦盡滅即得涅槃是義云
何佛言善男子若有沙門婆羅門等作是說
者我爲憐愍當常往來如是人所既至彼已
我當問之仁者實作如是說不彼若見答我
如是說何以故瞿曇我見衆生習行諸惡多
饒財寶身得自在又見脩善貧窮多乏不得
自在又見有人多役力用求財不得又見不
求自然得之又見有人慈心不煞反更中夭
又見憙煞終保年壽又見有人淨脩梵行精
勤持戒有得解脫有不得者是故我說一切
衆生受苦樂報皆由往日本業因緣須拔我
復當問仁者實見過去業不若有是業爲多

復問仁者實見過去業不若有是業爲多
少耶現在苦行能破多少耶能知是業已盡
不盡耶是業既盡一切盡耶彼若見荅我實
不知我便當爲彼人引喻辟如有人身被毒
箭其家眷屬爲請毉人令拔是箭既拔箭已
身得安隱其後十年是人猶憶了了分明是
毉爲我拔出毒箭以藥塗拊令我得差安隱
受樂仁既不知過去本業云何能知現在苦行
定能破壞過去業耶彼若復言瞿曇汝今
亦有過去本業何故獨責我過去業瞿曇經
中亦作是説若見有人豪富自在當知是人
先世好施如是不名過去業耶我復荅言仁
者如是知者名爲比知不名真知我佛法中
或有從因知果或有從果知因我佛法中

無現在業汝法不行方便斷苦我汝不介行

方便斷汝業盡已則得苦盡我則不尒

煩惱盡已業苦則盡是故我今責汝過去業

彼人若言瞿曇我實不知從師受之師作是

說我實無咎我言仁者汝師是誰彼若見荅

是富蘭那我復言曰汝昔何不一一諮啓大師

實知過去業不汝師若言我不知者汝復云

何受是師語若言我知復應問言下苦因緣

受中上苦不中苦因緣受下上苦不上苦因

緣受中下苦不若言不者復應問言師云何

說苦樂之報唯過去業非現在耶復應問言是

現在業過去有不若過去有過去之業悉已

都盡若都盡者云何復受今日之身若過去

無唯現在有云何復言衆生苦樂皆過去業仁

者若知見在苦行能壞過去業

無明現在有云何復言衆生苦樂皆過去業仁
者若知現在苦行能壞過業現在苦行復以何
破如其不破苦即是常苦若是常云何說言
得業解脫若更有行壞業苦行者過去已盡云
何有苦仁者如是苦行能令樂業受業果不
復令苦業受樂果不能令無苦無樂業作不
受果不能令現報作生報不能令生報作現
報不令是二報作無報不能令定報作無報
不能令無報作定報不彼若復言瞿曇不能
我復當言仁者如其不能何因緣故受是苦
行仁者當知定有過業現在因緣是故我言
因煩惱生業因業受報仁者當知一切衆生
有過去業有現在因衆生雖有過去壽業要
賴現在飲食因緣仁者若說衆生受苦受樂
一切皆由過去業因是事不然何以故仁者

言如有人為王所知以之因緣
是財寶愛現在樂如是之人現作樂因現受
樂報譬如有人煞王愛子以是因緣喪失身
命如是之人現作苦因現受苦報仁者一切衆
生現在因於四大時節土地人民受苦受樂
是故我說一切衆生不必盡因過去本業受
苦樂也仁者若以斷業因緣力故得解脫者
一切聖人不得解脫何以故一切衆生過去
本業無始終故是故我說脩聖道時是道能
遮無始終業仁者若受苦行便得道者一切
畜生悉應得道是故先當調伏其心不調伏
身以是因緣我經中說斫伐此林莫斫伐樹
何以故從林生怖不從樹生欲調伏身先當
調心心喻於林身喻於樹須䟦陁言世尊我

調心心猶於林身喻於樹須跋陀言世尊我
已先調伏心佛言善男子汝今云何能先調
心須跋陀言世尊我先思惟欲是無常無樂
無淨觀色即是常樂我淨作是觀已欲界結
斷獲得色處是故名為先調伏心次復觀色
色是無常如癰如瘡如毒如箭見無色常清
淨寂靜如是觀已色界結盡得無色處是故
名為先調伏心次復觀想即是無常癰瘡毒
箭如是觀已獲得非想非非想處是非想非非
想即一切智寂靜清淨無有隨墮常恒不變是
故我能調伏其心佛言善男子汝云何能調
伏心耶汝今所得非想非非想定猶名為想
涅槃無想汝云何言獲得涅槃善男子汝已
先能呵責麁想今者云何愛著細想不知呵
責如是非想非非想處故名為想如癰如瘡

如是如是善男子[illegible]
尚不能斷如是非想非非想處受於惡身況
其餘者世尊云何能斷一切諸有佛言善男
子若觀實想是人能斷一切諸有須跋陁言
世尊云何名爲實想善男子無想之想名爲
實相世尊云何名爲無相之相善男子一切法
無自相他相及自他相無無因相無作相無
受相無作者相無受者相無法非法相無男
女相無士夫相無微塵相無時節相無爲自
相無爲他相無爲自他相無有相無無相無
生相無生者相無因相無因因相無果相無
果果相無晝夜相無明闇相無見相無見者
相無聞相無聞者相無覺知相無覺知者相

BD00874 大般若波羅蜜多經卷三〇

（唐）玄奘 譯

779.7cm × 25.7cm

大般若波羅蜜多經卷第卌
初分教誡教授品第七之廿
善現汝復觀何義言即四念住若
淨增語非菩薩摩訶薩即四正斷乃至
道支若雜染若清淨增語是菩薩
世尊若四念住雜染清淨若四正
聖道支雜染清淨尚畢竟
況有四念住雜染清淨增語
八聖道支雜染清淨增語此增
何可言即四念住若雜染若清淨增
薩摩訶薩即四正斷乃至八聖道支若雜
若清淨增語是菩薩摩訶薩善現汝復
義言即四念住若屬生死若屬涅槃增語
菩薩摩訶薩即四正斷乃至八

若四念住屬生死屬涅槃若
聖道支屬生死屬涅槃尚畢竟
有故況有四念住屬生死屬涅槃增
正斷乃至八聖道支屬生死屬涅槃增語
增語既非有如何可言即四念住若屬生死
若屬涅槃增語是菩薩摩訶薩即四正斷乃
至八聖道支若屬生死若屬涅
薩摩訶薩善現汝復觀何義
在內若在外若在兩間增語非
即四正斷乃至八聖道支若在內若在
在兩間增語非菩薩摩訶薩耶世尊若四
住在內在外在兩間若四正斷乃至八聖道
支在內在外在兩間尚畢竟不可得性非

夾在內在外在兩間尚畢竟不可得性非
故況有四念住在內在外在兩間增
正斷乃至八聖道支在內在外在兩
此增語既非有如何可言即四念住
若在外若在兩間增語是菩薩摩訶薩
正斷乃至八聖道支若在內若在外若在兩
間增語是菩薩摩訶薩善現汝復觀何義言
即四念住若可得若不可得增語非菩薩摩
訶薩即四正斷乃至八聖道支若可得
可得增語非菩薩摩訶薩耶世尊
可得不可得若四正斷乃至八聖道
不可得尚畢竟不可得性非有故況有
住可得不可得增語及四正斷乃至八聖道
支可得不可得增語此增語既非有如何可
言即四念住若可得若不可得增語是菩薩

摩訶薩即
不可得增語是菩薩摩訶薩
復次善現汝觀何義言即苦聖諦增
薩摩訶薩即集滅道聖諦增語非菩薩
訶薩耶具壽善現答言世尊若苦聖諦若集滅
道聖諦尚畢竟不可得性非有故況有苦聖
諦增語及集滅道聖諦增語此增語既非有
如何可言即苦聖諦增語是菩薩摩訶薩即
集滅道聖諦增語是菩薩摩訶薩善現
觀何義言即苦聖諦若常若无常增語
薩摩訶薩即集滅道聖諦若常若无常增
非菩薩摩訶薩耶世尊若苦聖諦常无常若
集滅道聖諦常无常尚畢竟不可得性非有
故況有苦聖諦常无常增語及集滅道聖諦

故況有苦聖諦常无常增語及集滅道聖諦
常无常增語此增語既非有如何可言即苦
聖諦若常若无常增語是菩薩摩訶薩即
滅道聖諦若常若无常增語是菩薩摩訶薩
善現汝復觀何義言即苦聖諦若樂若苦增
語非菩薩摩訶薩即集滅道聖諦若樂若苦
增語非菩薩摩訶薩耶世尊若苦聖諦樂苦
若集滅道聖諦樂苦尚畢竟不可得性非有
故況有苦聖諦樂苦增語及集滅道聖諦樂
苦增語此增語既非有如何可言即苦聖諦
若樂若苦增語是菩薩摩訶薩即集滅道聖
諦若樂若苦增語是菩薩摩訶薩善現汝復
觀何義言即苦聖諦若我若无我增語非菩
薩摩訶薩即集滅道聖諦若我若无我增語

集滅道聖諦我无我尚畢竟不可得性非有
故況有苦聖諦我无我增語及集滅道聖諦
我无我增語此增語既非有如何可言即苦
聖諦若我若无我增語是菩薩摩訶薩即集
滅道聖諦若我若无我增語是菩薩摩訶薩
善現汝復觀何義言即苦聖諦若淨若不淨
增語非菩薩摩訶薩即集滅道聖諦若淨若
不淨增語非菩薩摩訶薩耶世尊若苦聖諦
淨不淨若集滅道聖諦淨不淨尚畢竟不可
得性非有故況有苦聖諦淨不淨增語及集
滅道聖諦淨不淨增語此增語既非有如何
可言即苦聖諦若淨若不淨增語是菩薩摩
訶薩即集滅道聖諦若淨若不淨增語是菩
薩摩訶薩善現汝復觀何義言即苦聖諦若
不淨增語非菩薩摩訶薩即集滅道聖

薩摩訶薩善現汝復觀何義言即苦聖諦若
空若不空增語非菩薩摩訶薩即集滅道聖
諦若空若不空增語非菩薩摩訶薩耶世
尊若苦聖諦空不空若集滅道聖諦空不空
尚畢竟不可得性非有故況有苦聖諦空不空
增語及集滅道聖諦空不空增語此增語既
非有如何可言即苦聖諦若空若不空增語
是菩薩摩訶薩即集滅道聖諦若空若不空
增語是菩薩摩訶薩善現汝復觀何義言即
苦聖諦若有相若无相增語非菩薩摩訶薩
即集滅道聖諦若有相若无相增語非菩薩
摩訶薩耶世尊若苦聖諦有相无相若集滅
道聖諦有相无相尚畢竟不可得性非有故
況有苦聖諦有相无相增語及集滅道聖諦
有相无相增語此增語既非有如何可言即

苦聖諦若有相若无相增語是菩薩摩訶
即集滅道聖諦若有相若无相增語是菩薩
摩訶薩善現汝復觀何義言即苦聖諦若有
願若无願增語非菩薩摩訶薩即集滅道聖
諦若有願若无願增語非菩薩摩訶薩耶世
尊若苦聖諦有願无願若集滅道聖諦有願
无願尚畢竟不可得性非有故况有苦聖諦
有願无願增語及集滅道聖諦有願无願增
語此增語既非有如何可言即苦聖諦若有
願若无願增語是菩薩摩訶薩即集滅道聖
諦若有願若无願增語是菩薩摩訶薩善現
汝復觀何義言即苦聖諦若寂靜若不寂靜
增語非菩薩摩訶薩即集滅道聖諦若寂靜
若不寂靜增語非菩薩摩訶薩耶世尊若苦
聖諦寂靜不靜寂苦集滅道聖諦寂靜不寂

BD00874　大般若波羅蜜多經卷三〇

増語非菩薩摩訶薩即集滅道聖諦若寂靜
若不寂靜増語非菩薩摩訶薩耶世尊若苦
聖諦寂靜不寂靜若集滅道聖諦寂靜不寂
靜尚畢竟不可得性非有故况有苦聖諦寂
靜不寂靜増語及集滅道聖諦寂靜不寂靜
増語此増語既非有如何可言即苦聖諦若
寂靜若不寂靜増語是菩薩摩訶薩即集滅
道聖諦若寂靜若不寂靜増語是菩薩摩訶
薩善現汝復觀何義言即苦聖諦若遠離若
不遠離増語非菩薩摩訶薩即集滅道聖諦
若遠離若不遠離増語非菩薩摩訶薩耶世
尊若苦聖諦遠離不遠離若集滅道聖諦遠
離不遠離尚畢竟不可得性非有故况有苦
聖諦遠離不遠離増語及集滅道聖諦遠離
不遠離増語此増語既非有如何可言即苦

聖諦[illegible]
即集滅道聖諦若遠離若不遠離增語是菩
薩摩訶薩善現汝復觀何義言即苦聖諦若
有為若無為增語非菩薩摩訶薩即集滅道
聖諦若有為若無為增語非菩薩摩訶薩耶
世尊若苦聖諦有為無為若集滅道聖諦有
為無為尚畢竟不可得性非有故況有苦聖
諦有為無為增語及集滅道聖諦有為無為
增語此增語既非有如何可言即苦聖諦若
有為若無為增語是菩薩摩訶薩即集滅道
聖諦若有為若無為增語是菩薩摩訶薩善
現汝復觀何義言即苦聖諦若有漏若無漏
增語非菩薩摩訶薩即集滅道聖諦若有漏
若無漏增語非菩薩摩訶薩耶世尊若苦聖
諦有漏無漏若集滅道聖諦有漏無漏尚畢

若無漏增語非菩薩摩訶薩耶世尊若苦聖
諦有漏無漏若集滅道聖諦有漏無漏尚畢
竟不可得性非有故况有苦聖諦有漏無漏
增語及集滅道聖諦有漏無漏增語此增語
既非有如何可言即苦聖諦若有漏若無漏
增語是菩薩摩訶薩即集滅道聖諦若有漏
若無漏增語是菩薩摩訶薩善現汝復觀何
義言即苦聖諦若生若滅增語非菩薩摩訶
薩即集滅道聖諦若生若滅增語非菩薩摩
訶薩耶世尊若苦聖諦生滅若集滅道聖諦
生滅尚畢竟不可得性非有故况有苦聖諦
生滅增語及集滅道聖諦生滅增語此增語
既非有如何可言即苦聖諦若生若滅增語
是菩薩摩訶薩即集滅道聖諦若生若滅增
[illegible]

滅道聖諦若善若非善增語非菩薩摩訶薩
耶世尊若苦聖諦善非善若集滅道聖諦善
非善尚畢竟不可得性非有故況有苦聖諦
善非善增語及集滅道聖諦善非善增語此
增語既非有如何可言即苦聖諦若善若非
善增語是菩薩摩訶薩即集滅道聖諦若善
若非善增語是菩薩摩訶薩善現汝復觀何
義言即苦聖諦若有罪若無罪增語非菩薩
摩訶薩即集滅道聖諦若有罪若無罪增語
非菩薩摩訶薩耶世尊若苦聖諦有罪無罪
若集滅道聖諦有罪無罪尚畢竟不可得性
非有故況有苦聖諦有罪無罪增語及集滅
道聖諦有罪無罪增語此增語既非有如何

道聖諦有罪無罪增語此增語既非有如何
可言即是聖諦若有罪若無罪增語是菩薩
摩訶薩即集滅道聖諦若有罪若無罪增語
是菩薩摩訶薩善現汝復觀何義言即是聖
諦若有煩惱若無煩惱增語非菩薩摩訶薩
即集滅道聖諦若有煩惱若無煩惱增語非
菩薩摩訶薩耶世尊若是聖諦有煩惱無煩
惱若集滅道聖諦有煩惱無煩惱尚畢竟不
可得性非有故況有是聖諦有煩惱無煩惱
增語及集滅道聖諦有煩惱無煩惱增語此
增語既非有如何可言即是聖諦若有煩惱
若無煩惱增語是菩薩摩訶薩即集滅道聖
諦若有煩惱若無煩惱增語是菩薩摩訶薩

世間若出世間增語非菩薩摩訶薩耶世尊
若苦聖諦世間出世間若集滅道聖諦世間
出世間尚畢竟不可得性非有故況有苦聖
諦世間出世間增語及集滅道聖諦世間出
世間增語此增語既非有如何可言即是苦聖
諦若世間若出世間增語是菩薩摩訶薩即
集滅道聖諦若世間若出世間增語是菩薩
摩訶薩善現汝復觀何義言即苦聖諦若雜
染若清淨增語非菩薩摩訶薩即集滅道聖
諦若雜染若淨淨增語非菩薩摩訶薩耶世
尊若苦聖諦雜染清淨若集滅道聖諦雜染
清淨尚畢竟不可得性非有故況有苦聖諦
雜染清淨增語及集滅道聖諦雜染清淨增語
此增語既非有如何可言即苦聖諦若雜染

清淨尚畢竟不可得性非有故況有苦聖諦
雜染清淨增語及集滅道聖諦雜染清淨增語
此增語既非有如何可言即苦聖諦若雜染
若清淨增語是菩薩摩訶薩即集滅道聖諦
若雜染若清淨增語是菩薩摩訶薩善現汝
復觀何義言即苦聖諦若屬生死若屬涅槃
增語非菩薩摩訶薩即集滅道聖諦若屬生
死若屬涅槃增語非菩薩摩訶薩耶世尊若
苦聖諦屬生死屬涅槃若集滅道聖諦屬生
死屬涅槃尚畢竟不可得性非有故況有苦
聖諦屬生死屬涅槃增語及集滅道聖諦屬
生死屬涅槃增語此增語既非有如何可言
即苦聖諦若屬生死若屬涅槃增語是菩薩
摩訶薩即集滅道聖諦若屬生死若屬涅槃
增語是菩薩摩訶薩善現汝復觀何義言即

苦聖諦若在内若在外若在兩間增語非菩
薩摩訶薩即集滅道聖諦若在内若在外
若在兩間增語非菩薩摩訶薩耶世尊若苦
聖諦在内在外在兩間若集滅道聖諦在内
在外在兩間尚畢竟不可得性非有故況有苦
聖諦在内在外在兩間增語及集滅道聖諦
在内在外在兩間增語此增語既非有如何
可言即苦聖諦若在内若在外若在兩間增
語是菩薩摩訶薩即集滅道聖諦若在内若
在外若在兩間增語是菩薩摩訶薩善現汝
復觀何義言即苦聖諦若可得若不可得增
語非菩薩摩訶薩即集滅道聖諦若可得若
不可得增語非菩薩摩訶薩耶世尊若苦聖
諦可得不可得若集滅道聖諦可得不可得
尚畢竟不可得性非有故況有苦聖諦可得

諦可得不可得若集滅道聖諦可得不可得
尚畢竟不可得性非有故況有苦聖諦可得
不可得增語及集滅道聖諦可得不可得增
語此增語既非有如何可言即苦聖諦若可
得若不可得增語是菩薩摩訶薩即集滅道
聖諦若可得若不可得增語是菩薩摩訶薩
復次善現汝復觀何義言即四靜慮增語非
菩薩摩訶薩即四無量四無色定增語非菩
薩摩訶薩耶具壽善現荅言世尊若四靜慮
若四無量四無色定尚畢竟不可得性非有
故況有四靜慮增語及四無量四無色定增
語此增語既非有如何可言即四靜慮增語
是菩薩摩訶薩即四無量四無色定增語是
菩薩摩訶薩善現汝復觀何義言即四靜慮

若常若無常增語非菩薩摩訶薩
四無色定若常若無常增語非菩薩摩訶薩
耶世尊若四靜慮常無常若四無量四無色
定常無常尚畢竟不可得性非有故況有四
靜慮常無常增語及四無量四無色定常無
常增語此增語既非有如何可言即四靜慮
若常若無常增語是菩薩摩訶薩即四无量
四無色定若常若無常增語是菩薩摩訶薩
善現汝復觀何義言即四靜慮若樂若苦增
語非菩薩摩訶薩即四無量四無色定若樂
若苦增語非菩薩摩訶薩耶世尊若四靜慮
樂苦若四無量四無色定樂苦尚畢竟不可
得性非有故況有四靜慮樂苦增語及四無
量四無色定樂苦增語此增語既非有如何
可言即四靜慮若樂若苦增語是菩薩摩訶

得性非有故況有四靜慮樂苦增語及四無
量四無色定樂苦增語此增語既非有如何
可言即四靜慮若樂若苦增語是菩薩摩訶
薩耶四無量四無色定若樂若苦增語是菩
薩摩訶薩善現汝復觀何義言即四靜慮若
我若無我增語非菩薩摩訶薩即四無量四
無色定若我若無我增語非菩薩摩訶薩耶
世尊若四靜慮我無我若四無量四無色定
我無我尚畢竟不可得性非有故況有四靜
慮我無我增語及四無量四無色定我無我
增語此增語既非有如何可言即四靜慮若
我若無我增語是菩薩摩訶薩即四無量四
無色定若我若無我增語是菩薩摩訶薩善
現汝復觀何義言即四靜慮若淨若不淨增
語非菩薩摩訶薩即四無量四無色定若淨

若不淨增語非菩薩摩訶薩耶世尊若四靜
慮淨不淨若四無量四無色定淨不淨尚畢
竟不可得性非有故況有四靜慮淨不淨增
語及四無量四無色定淨不淨增語此增語
既非有如何可言即四靜慮若淨若不淨增
語是菩薩摩訶薩即四無量四無色定若淨
若不淨增語是菩薩摩訶薩善現汝復觀何
義言即四靜慮若空若不空增語非菩薩摩
訶薩即四無量四無色定若空若不空增語
非菩薩摩訶薩耶世尊若四靜慮空不空若
四無量四無色定空不空尚畢竟不可得性
非有故況有四靜慮空不空增語及四無量
四無色定空不空增語此增語既非有如何可
言即四靜慮若空若不空增語是菩薩摩訶
薩即四無量四無色定若空若不空增語是

四無色定空不空增語此增語既非有如何
言即四靜慮若空若不空增語是菩薩摩訶
薩即四無量四無色定若空若不空增語是
菩薩摩訶薩善現汝復觀何義言即四靜慮
若有相若無相增語非菩薩摩訶薩即四無
量四無色定若有相若無相增語非菩薩摩
訶薩耶世尊若四靜慮有相無相若四無量
四無色定有相無相尚畢竟不可得性非
有故況有四靜慮有相無相增語及四無量
四無色定有相無相增語此增語既非有如
何可言即四靜慮若有相若無相增語是菩
薩摩訶薩即四無量四無色定若有相若無
相增語是菩薩摩訶薩善現汝復觀何義言
即四靜慮若有願若無願增語非菩薩摩訶

非菩薩摩訶薩耶世尊若四靜慮有願無願
若四無量四無色定有願無願尚畢竟不可
得性非有故況有四靜慮有願無願增語及
四無量四無色定有願無願增語此增語既
非有如何可言即四靜慮若有願若無願增
語是菩薩摩訶薩即四無量四無色定若有
願若無願增語是菩薩摩訶薩善現汝復觀
何義言即四靜慮若寂靜若不寂靜增語非
菩薩摩訶薩即四無量四無色定若寂靜若
不寂靜增語非菩薩摩訶薩耶世尊若四靜
慮寂靜不寂靜若四無量四無色定寂靜不
寂靜尚畢竟不可得性非有故況有四靜慮
寂靜不寂靜增語及四無量四無色定寂靜
不寂靜增語此增語既非有如何可言即四
靜慮若寂靜若不寂靜增語是菩薩摩訶薩

BD00874　大般若波羅蜜多經卷三〇

寂靜不寂靜增語及四無量四無色定寂靜
不寂靜增語此增語既非有如何可言即四
靜慮若寂靜若不寂靜增語是菩薩摩訶薩即
四無量四無色定若寂靜若不寂靜增語是
菩薩摩訶薩善現汝復觀何義言即四靜慮
若遠離若不遠離增語非菩薩摩訶薩即四
無量四無色定若遠離若不遠離增語非菩
薩摩訶薩耶世尊若四靜慮遠離不遠離若
四無量四無色定遠離不遠離尚畢竟不可
得性非有故況有四靜慮遠離不遠離增語
及四無量四無色定遠離不遠離增語此增
語既非有如何可言即四靜慮若遠離若不
遠離增語是菩薩摩訶薩即四無量四無色定
若遠離若不遠離增語是菩薩摩訶薩善現

為若無為增語非菩薩摩訶薩耶世尊若
靜慮有為無為若四無量四無色定有為無
為尚畢竟不可得性非有故況有四靜慮有
為無為增語及四無量四無色定有為無為
增語此增語既非有如何可言即四靜慮若
有為若無為增語是菩薩摩訶薩即四無量
四無色定若有為若無為增語是菩薩摩訶
薩善現汝復觀何義言即四靜慮若有漏若
無漏增語非菩薩摩訶薩即四無量四無色
定若有漏若無漏增語非菩薩摩訶薩耶世
尊若四靜慮有漏無漏若四無量四無色定
有漏無漏尚畢竟不可得性非有故況有四
靜慮有漏無漏增語及四無量四無色定有

BD00874　大般若波羅蜜多經卷三〇

有漏無漏皆畢竟不可得性非有故况有四
靜慮有漏無漏增語及四無量四無色定有
漏無漏增語此增語既非有如何可言即四
靜慮若有漏若無漏增語是菩薩摩訶薩
即四無量四無色定若有漏若無漏增語是菩
薩摩訶薩善現汝復觀何義言即四靜慮若
生若滅增語非菩薩摩訶薩即四無量四無
色定若生若滅增語非菩薩摩訶薩耶世尊
若四靜慮若生若滅若四無量四無色定生滅尚
畢竟不可得性非有故况有四靜慮生滅增
語及四無量四無色定生滅增語此增語既
非有如何可言即四靜慮若生若滅增語是
菩薩摩訶薩即四無量四無色定若生若滅
增語是菩薩摩訶薩善現汝復觀何義言即
四靜慮若[illegible]若[illegible]增語非菩薩摩訶薩耶

四無量四無色定若善若非善增語是菩薩
摩訶薩耶世尊若四靜慮善非善若四無量
四無色定善非善尚畢竟不可得性非有故
況有四靜慮善非善增語及四無量四無色
定善非善增語此增語既非有如何可言即
四靜慮若善若非善增語是菩薩摩訶薩即
四無量四無色定若善若非善增語是菩薩
摩訶薩善現汝復觀何義言即四靜慮若有
罪若無罪增語非菩薩摩訶薩即四無量四
無色定若有罪若無罪增語非菩薩摩訶薩
耶世尊若四靜慮有罪無罪若四無量四無
色定有罪無罪尚畢竟不可得性非有故況
有四靜慮有罪無罪增語及四無量四無色
定有罪無罪增語此增語既非有如何可言
即四靜慮若有罪若無罪增語是菩薩摩訶

有四靜慮有罪無罪增語及四無量四無色
定有罪無罪增語此增語既非有如何可言
即四靜慮若有罪若無罪增語是菩薩摩訶
薩即四無量四無色定若有罪若無罪增語
是菩薩摩訶薩善現汝復觀何義言即四靜
慮若有煩惱若無煩惱增語非菩薩摩訶薩
即四無量四無色定若有煩惱若無煩惱增
語非菩薩摩訶薩耶世尊若四靜慮有煩惱
無煩惱若四無量四無色定有煩惱無煩惱
尚畢竟不可得性非有故況有四靜慮有煩
惱無煩惱增語及四無量四無色定有煩惱
無煩惱增語此增語既非有如何可言即四
靜慮若有煩惱若無煩惱增語是菩薩摩訶
薩即四無量四無色定若有煩惱若無煩惱
增語是菩薩摩訶薩善現汝復觀何義言即

四靜慮若世間若出世間增語是菩薩摩
訶薩即四無量四無色定若世間若出世間
增語非菩薩摩訶薩耶世尊若四靜慮世間
出世間若四無量四無色定世間出世間尚
畢竟不可得性非有故況有四靜慮世間出
世間增語及四無量四無色定世間出世間
增語此增語既非有如何可言即四靜慮若
世間若出世間增語是菩薩摩訶薩即四無
量四無色定若世間若出世間增語是菩薩
摩訶薩善現汝復觀何義言即四靜慮若雜
染若清淨增語非菩薩摩訶薩即四無量四
無色定若雜染若清淨增語非菩薩摩訶薩
耶世尊若四靜慮雜染清淨若四無量四無
色定雜染清淨尚畢竟不可得性非有故況
有四靜慮雜染清淨增語及四無量四無色

色定雜染清淨尚畢竟不可得性非有故况
有四靜慮雜染清淨增語及四無量四無色
定雜染清淨增語此增語既非有如何可言
即四靜慮若雜染若清淨增語是菩薩摩訶
薩即四無量四無色定若雜染若清淨增語
是菩薩摩訶薩善現汝復觀何義言即四靜
慮若屬生死若屬涅槃增語非菩薩摩訶薩
即四無量四無色定若屬生死若屬涅槃
增語非菩薩摩訶薩耶世尊若四靜慮屬生
死屬涅槃若四無量四無色定屬生死屬涅
槃尚畢竟不可得性非有故况有四靜慮屬
生死屬涅槃增語及四無量四無色定屬生
死屬涅槃增語此增語既非有如何可言即
四靜慮若屬生死若屬涅槃增語是菩薩摩

繫增語是菩薩摩訶薩善現汝復觀何義言
即四靜慮若在內若在外若在兩間增語非
菩薩摩訶薩即四無量四無色定若在內若
在外若在兩間增語非菩薩摩訶薩耶世尊
若四靜慮在內在外在兩間若四無量四無色
定在內在外在兩間尚畢竟不可得性非有故
況有四靜慮在內在外在兩間增語及四無
量四無色定在內在外在兩間增語此增語
既非有如何可言即四靜慮若在內若在外
若在兩間增語是菩薩摩訶薩即四無量四
無色定若在內若在外若在兩間增語是菩
薩摩訶薩善現汝復觀何義言即四靜慮若
可得若不可得增語非菩薩摩訶薩即四無
量四無色定若可得若不可得增語非菩薩

可得若不可得增語非菩薩摩訶薩即四無
量四無色定若可得若不可得增語非菩薩
摩訶薩即世尊若四靜慮可得不可得若四
無量四無色定可得不可得尚畢竟不可
得性非有故況有四靜慮可得不可得增語
及四無量四無色定可得不可得增語此增
語既非有如何可言即四靜慮若可得若不
可得增語是菩薩摩訶薩即四無量四無色
定若可得若不可得增語是菩薩摩訶薩
復次善現汝觀何義言即八解脫增語非菩
薩摩訶薩即八勝處九次第定十遍處增語
非菩薩摩訶薩即具壽善現荅言世尊若八
解脫若八勝處九次第定十遍處尚畢竟不

可言即八解脫增語是菩薩摩訶薩即八勝
處九次第定十遍處增語是菩薩摩訶薩善
現汝復觀何義言即八解脫若常若無常增
語非菩薩摩訶薩即八勝處九次第定十遍
處若常若無常增語非菩薩摩訶薩耶世尊
若八解脫常無常若八勝處九次第定十遍
處常無常尚畢竟不可得性非有故況有八
解脫常無常增語及八勝處九次第定十遍
處常無常增語此增語既非有如何可言即
八解脫若常若無常增語是菩薩摩訶薩即
八勝處九次第定十遍處若常若無常增語
是菩薩摩訶薩善現汝復觀何義言即八解
脫若樂若苦增語非菩薩摩訶薩即八勝處
九次第定十遍處若樂若苦增語非菩薩摩

脫若樂若苦增語非菩薩摩訶薩即八勝處
九次第定十遍處若樂若苦增語非菩薩摩
訶薩耶世尊若八解脫樂若苦若八勝處九次
第定十遍處樂苦尚畢竟不可得性非有故
況有八解脫樂苦增語及八勝處九次第定
十遍處樂苦增語此增語既非有如何可言
即八解脫若樂若苦增語是菩薩摩訶薩即
八勝處九次第定十遍處若樂若苦增語是
菩薩摩訶薩善現汝復觀何義言即八解脫
若我若無我增語非菩薩摩訶薩即八勝處
九次第定十遍處若我若無我增語非菩薩
摩訶薩耶世尊若八解脫我無我若八勝處
九次第定十遍處我無我尚畢竟不可得性

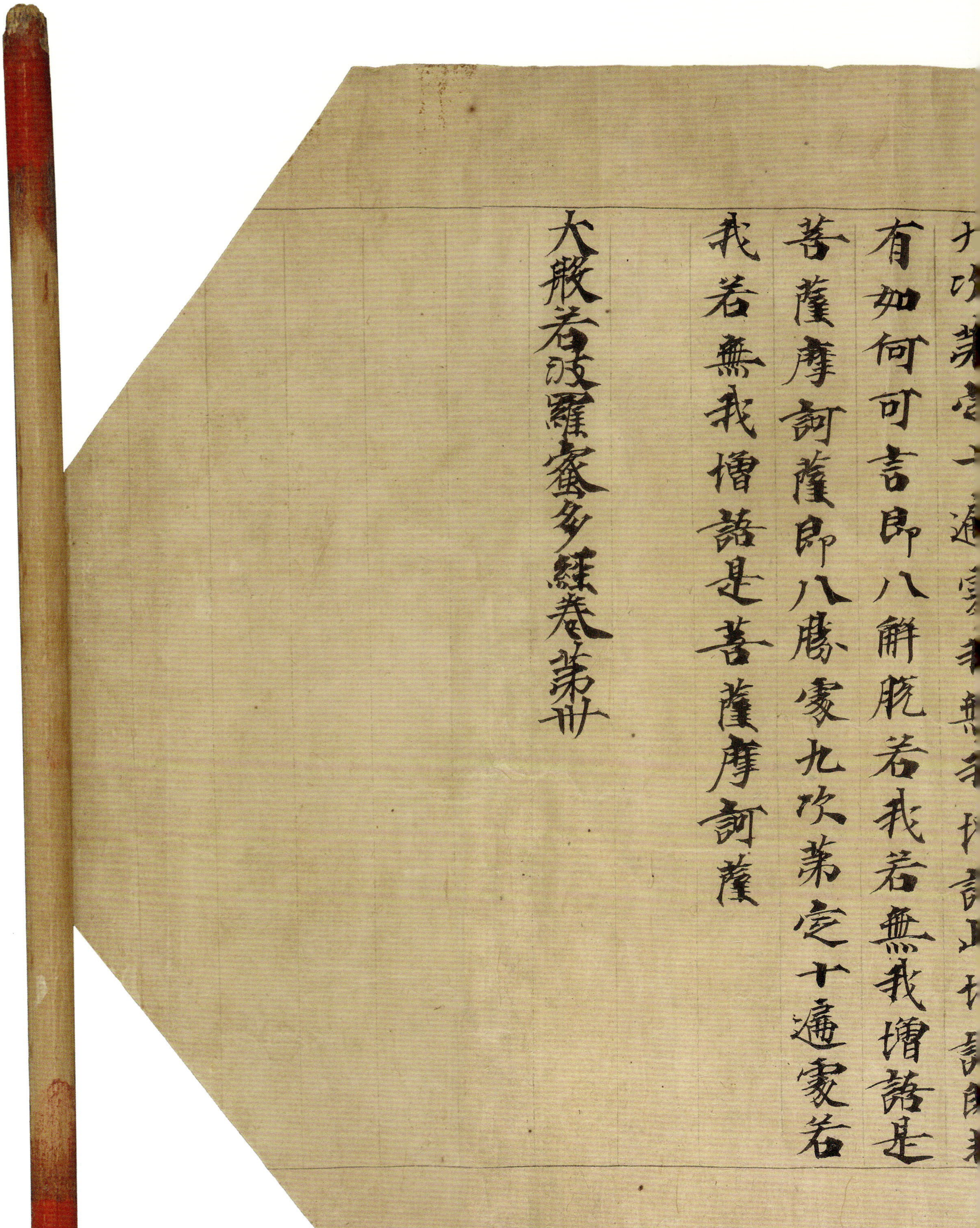

有如何可言即八解脫若我若無我增語是
菩薩摩訶薩即八勝處九次第定十遍處若
我若無我增語是菩薩摩訶薩

大般若波羅蜜多經卷第卅

BD00874　大般若波羅蜜多經卷三〇

BD00875 妙法蓮華經卷四

（後秦）鳩摩羅什 譯

899.7cm × 25.5cm

將來諸佛法藏教化成就
如是致獲斯記阿難面於佛前自聞授記及
國土莊嚴所願具足心大歡喜得未曾有即
時憶念過去无量千万億諸佛法藏通達无
礙如今所聞亦識本願尒時阿難而說偈言
世尊甚希有　令我念過去　无量諸佛法　如今日所聞
我今无復疑　安住於佛道　方便為侍者　護持諸佛法
尒時佛告羅睺羅汝於來世當得作佛号蹈
七寶華如來應供正遍知明行足善逝世間
解无上士調御丈夫天人師佛世尊當供養
十世界微塵等數諸佛如來常為諸佛而作
長子猶如今也是蹈七寶華佛國土莊嚴壽
命劫數所化弟子正法像法亦如山海慧自

在通王如来无異亦為此佛而作長子過是
已後當得阿耨多羅三藐三菩提尒時世尊
欲重宣此義而說偈言
我為太子時　羅睺為長子　我今成佛道　受法為法子
於未来世中　見无量億佛　皆為其長子　一心求佛道
羅睺羅密行　唯我能知之　現為我長子　以示諸眾生
无量億千万　功德不可數　安住於佛法　以求无上道
尒時世尊見學无學二千人其意柔軟寂然
清淨一心觀佛佛告阿難汝見是學无學二
千人不唯然已見阿難是諸人等當供養五
十世界微塵數諸佛如来恭敬尊重護持法
藏末後同時於十方國各得成佛皆同一号
名曰寶相如来應供正遍知明行足善逝世
間解无上士調御丈夫天人師佛世尊壽命

聞解无上士調御丈夫天人師佛世尊壽命
一劫國土莊嚴聲聞菩薩正法像法皆悉同
等尒時世尊欲重宣此義而説偈言
是二千聲聞　今於我前住　悉皆與授記　未來當成佛
所供養諸佛　如上説塵數　護持其法藏　後當成正覺
各於十方國　悉同一名号　俱時坐道場　以證无上慧
皆名爲寶相　國土及弟子　正法與像法　悉等无有異
咸以諸神通　度十方衆生　名聞普周遍　漸入於涅槃
尒時學无學二千人聞佛授記歡喜踊躍而
説偈言
世尊慧燈明　我聞授記音　心歡喜充滿　如甘露見灌
妙法蓮華經法師品第十

是大眾中無量諸天龍王夜叉乾闥婆阿
脩羅迦樓羅緊那羅摩睺羅伽人與非人及
比丘比丘尼優婆塞優婆夷求聲聞者求辟
支佛者求佛道者如是等類咸於佛前聞妙
法華經一偈一句乃至一念隨喜者我皆與
受記當得阿耨多羅三藐三菩提佛告藥王
又如來滅度之後若有人聞妙法華經乃至
一偈一句一念隨喜者我亦與受阿耨多羅
三藐三菩提記若復有人受持讀誦解說書
寫妙法華經乃至一偈於此經卷敬視如佛
種種供養華香瓔珞末香塗香燒香繒蓋幢
幡衣服伎樂乃至合掌恭敬藥王當知是諸
人等已曾供養十万億佛於諸佛所成就大
願愍眾生故生此人間藥王若有人問何等

願愍眾生故生此人間藥王若有人問何等
眾生於未來世當得作佛應示是諸人等於
未來世必得作佛何以故若善男子善女人
於法華經乃至一句受持讀誦解說書寫種
種供養經卷華香瓔珞末香塗香燒香繒蓋
幢幡衣服伎樂合掌恭敬是人一切世間所
應瞻奉應以如來供養而供養之當知此人
是大菩薩成就阿耨多羅三藐三菩提哀愍
眾生願生此間廣演分別妙法華經何況盡
能受持種種供養者藥王當知是人自捨清
淨業報於我滅度後愍眾生故生於惡世廣
演此經若是善男子善女人我滅度後能竊

来使如来所遣行如来事何況於大衆中廣
為人說藥王若有惡人以不善心於一劫中
現於佛前常毀罵佛其罪尚輕若人以一惡
言毀呰在家出家讀誦法華經者其罪甚重
藥王其有讀誦法華經者當知是人以佛莊
嚴而自莊嚴則為如来肩所荷擔其所至方
應隨向礼一心合掌恭敬供養尊重讚歎華
香瓔珞末香塗香燒香繒蓋幢幡衣服餚饌
作諸伎樂人中上供而供養之應持天寶而
以散之天上寶聚應以奉獻所以者何是人
歡喜說法須臾聞之即得究竟阿耨多羅三
藐三菩提故尒時世尊欲重宣此義而說偈
言
若欲住佛道　成就自然智　常當勤供養　受持法華者

若欲住佛道　成就自然智　常當勤供養　受持法華者
其有欲疾得　一切種智慧　當受持是經　并供養持者
若有能受持　妙法華經者　當知佛所使　愍念諸衆生
諸有能受持　妙法華經者　捨於清淨土　愍衆故生此
當知如是人　自在所欲生　能於此惡世　廣說无上法
應以天華香　及天寶衣服　天上妙寶聚　供養說法者
吾滅後惡世　能持是經者　當合掌礼敬　如供養世尊
上饌衆甘美　及種種衣服　供養是佛子　冀得須臾聞
若能於後世　受持是經者　我遣在人中　行於如來事
若於一劫中　常懷不善心　作色而罵佛　獲无量重罪
其有誦讀持　是法華經者　須臾加惡言　其罪復過彼
有人求佛道　而於一劫中　合掌在我前　以无數偈讚
由是讚佛故　得无量功德　歎美持經者　其福復過彼

於八十億劫　以最妙色聲　及與香味觸　供養持經者
如是供養已　若得須臾聞　則應自欣慶　我今獲大利
藥王今告汝　我所說諸經　而於此經中　法華最第一
尒時佛復告藥王菩薩摩訶薩我所說經典
无量千億已說今說當說而於其中此法華
經最為難信難解藥王此經是諸佛祕要之
藏不可分布妄授與人諸佛世尊之所守護
從昔已來未曾顯說而此經者如來現在猶
多怨嫉況滅度後藥王當知如來滅後其能
書持讀誦供養為他人說者如來則為以衣
覆之又為他方現在諸佛之所護念是人有
大信力及志願力諸善根力當知是人與如
來共宿則為如來手摩其頭藥王在在處處
若說若讀若誦若書若經卷所住處皆應起

BD00875　妙法蓮華經卷四

來共宿則為如來手摩其頭藥王在在處處
若說若讀若誦若書若經卷所住處皆應起
七寶塔極令高廣嚴飾不須復安舍利所以
者何此中已有如來全身此塔應以一切華
香瓔珞繒蓋幢幡伎樂歌頌供養恭敬尊重
讚歎若有人得見此塔礼拜供養當知是等
皆近阿耨多羅三藐三菩提藥王多有人在
家出家行菩薩道若不能得見聞讀誦書持
供養是法華經者當知是人未善行菩薩道
若有得聞是經典者乃能善行菩薩之道其
有衆生求佛道者若見若聞是法華經聞已
信解受持者當知是人得近阿耨多羅三藐
三菩提藥王譬如有人渴乏須水於彼高原

穿鑿求之猶見乾土知水尚遠施功不已轉
見濕土遂漸至泥其心決定知水必近菩薩
亦復如是若未聞未解未能修習是法華經
當知是人去阿耨多羅三藐三菩提尚遠若
得聞解思惟修習必知得近阿耨多羅三藐
三菩提所以者何一切菩薩阿耨多羅三藐
三菩提皆屬此經此經開方便門示真實相
是法華經藏深固幽遠无人能到今佛教化
成就菩薩而為開示藥王若有菩薩聞是法
華經驚疑怖畏當知是為新發意菩薩若聲
聞人聞是經驚疑怖畏當知是為增上慢者
藥王若有善男子善女人如來滅後欲為四
衆說是法華經者云何應說是善男子善女
人入如來室著如來衣坐如來座尒乃應為

人入如来室著如来衣坐如来座尒乃應為
四衆廣説斯經如来室者一切衆生中大慈
悲心是如来衣者柔和忍辱心是如来座者
一切法空是安住是中然後以不懈怠心為
諸菩薩及四衆廣説是法華經藥王我於餘
國遣化人為其集聽法衆亦遣化比丘比丘
尼優婆塞優婆夷聽其説法是諸化人聞法
信受隨順不逆若説法者在空閑處我時廣
遣天龍鬼神乾闥婆阿脩羅等聽其説法我
雖在異國時時令説法者得見我身若於此
經忘失句逗我還為説令得具足尒時世尊
欲重宣此義而説偈言
欲捨諸懈怠　應當聽此經　是經難得聞　信受者亦難

[illegible]

漸見濕土泥　決定知近水　藥王汝當知　如是諸人等

不聞法華經　去佛智甚遠　若聞是深經　決了聲聞法

是諸經之王　聞已諦思惟　當知此人等　近於佛智慧

若人說此經　應入如來室　著於如來衣　而坐如來座

處衆无所畏　廣為分別說　大慈悲為室　柔和忍辱衣

諸法空為座　處此為說法　若說此經時　有人惡口罵

加刀杖瓦石　念佛故應忍　我千万億土　現淨堅固身

於无量億劫　為衆生說法　若我滅度後　能說此經者

我遣化四衆　比丘比丘尼　及清信士女　供養於法師

引導諸衆生　集之令聽法　若人欲加惡　刀杖及瓦石

則遣變化人　為之作衛護　若說法之人　獨在空閑處

寂漠无人聲　讀誦此經典　我爾時為現　清淨光明身

若忘失章句　為說令通利　若人具是德　或為四衆說

寂漠无人聲 讀誦此經典 我爾時為現 清淨光明身
若忘失章句 為說令通利 若人具是德 或為四衆說
空處讀誦經 皆得見我身 若人在空閑 我遣天龍王
夜叉鬼神等 為作聽法衆 是人樂說法 分別无罣礙
諸佛護念故 能令大衆喜 若親近法師 速得菩薩道
隨順是師學 得見恒沙佛

妙法蓮華經見寶塔品第十一

尒時佛前有七寶塔高五百由旬縱廣二百
五十由旬從地踊出住在空中種種寶物而
莊校之五千欄楯龕室千万无數幢幡以為
嚴飾垂寶瓔珞寶鈴万億而懸其上四面皆
出多摩羅跋栴檀之香充遍世界其諸幡蓋
以金銀瑠璃車𤦲馬瑙真珠玫瑰七寶合成
高至四天王宮三十三天雨天曼陁羅華供

養寶塔餘諸天龍夜叉乾闥婆阿脩羅迦樓
羅緊那羅摩睺羅伽人非人等千万億衆以
一切華香瓔珞幡蓋伎樂供養寶塔恭敬尊
重讚歎尒時寶塔中出大音聲歎言善哉善
哉釋迦牟尼世尊能以平等大慧教菩薩法
佛所護念妙法華經爲大衆說如是如是釋
迦牟尼世尊如所說者皆是真實尒時四衆
見大寶塔住在空中又聞塔中所出音聲皆
得法喜恠未曾有從座而起恭敬合掌却住
一面尒時有菩薩摩訶薩名大樂說知一切
世間天人阿脩羅等心之所疑而白佛言世
尊以何因緣有此寶塔從地踊出又於其中
發是音聲尒時佛告大樂說菩薩此寶塔中
有如來全身乃往過去東方無量千万億阿

發是音聲爾時佛告大樂說菩薩此寶塔中
有如來全身乃往過去東方无量千万億阿
僧祇世界國名寶淨彼中有佛号曰多寶其
佛行菩薩道時作大誓願若我成佛滅度之
後於十方國土有說法華經處我之塔廟爲
聽是經故踊現其前爲作證明讚言善哉彼
佛成道已臨滅度時於天人大衆中告諸比
丘我滅度後欲供養我全身者應起一大塔
其佛神通願力十方世界在在處處若有說
法華經者彼之寶塔皆踊出其前全身在於
塔中讚言善哉善哉大樂說今多寶如來塔
聞說法華經故從地踊出讚言善哉善哉是
時大樂說菩薩以如來神力故白佛言世尊
我等願欲見此佛身佛告大樂說菩薩摩訶

經故出於諸佛前時其有欲以我身示四眾
者彼佛分身諸佛在於十方世界說法盡還
集一處然後我身乃出現耳大樂說我分身
諸佛在於十方世界說法者今應當集大樂
說白佛言世尊我等亦願欲見世尊分身諸
佛禮拜供養尒時佛放白毫一光即見東方
五百万億那由他恒河沙等國土諸佛彼諸
國土皆以頗梨為地寶樹寶衣以為莊嚴无
數千万億菩薩充滿其中遍張寶幔寶網羅
上彼國諸佛以大妙音而說諸法及見无量
千万億菩薩遍滿諸國為眾說法南西北方四
維上下白毫相光所照之處亦復如是尒時
十方諸佛各告眾菩薩言善男子我今應往

維上下白毫相光所照之處亦復如是爾時
十方諸佛各告衆菩薩言善男子我今應往
娑婆世界釋迦牟尼佛所并供養多寶如來
寶塔時娑婆世界即變清淨瑠璃為地寶樹
莊嚴黃金為繩以界八道无諸聚落村營城
邑大海江河山川林藪燒大寶香曼陁羅華
遍布其地以寶網幔羅覆其上懸諸寶鈴唯
留此會衆移諸天人置於他土是時諸佛各
將一大菩薩以為侍者至娑婆世界各到寶
樹下一一寶樹高五百由旬枝葉華菓次第
莊嚴諸寶樹下皆有師子之座高五由旬亦
以大寶而挍飾之尒時諸佛各於此座結加
趺坐如是展轉遍滿三千大千世界而於釋
迦牟尼佛一方所分之身猶故未盡時釋迦

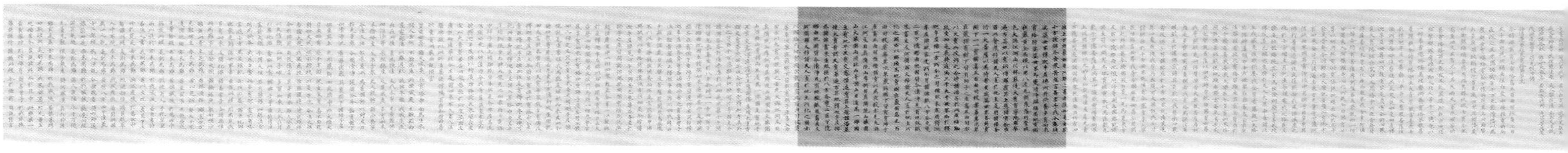

牟尼佛欲容受所分身諸佛故八方各更變
二百万億那由他國皆令清淨无有地獄餓
鬼畜生及阿脩羅又移諸天人置於他土所
化之國亦以瑠璃為地寶樹莊嚴樹高五百
由旬枝葉華菓次茅嚴飾樹下皆有寶師子
座高五由旬種種諸寶以為莊校亦无大海
江河及目真隣陁山摩訶目真隣陁山鐵圍
山大鐵圍山須弥山等諸山王通為一佛國
土寶地平正寶交露幔遍覆其上懸諸幡蓋
燒大寶香諸天寶華遍布其地釋迦牟尼佛
為諸佛當來坐故復於八方各變二百万億
那由他國皆令清淨无有地獄餓鬼畜生及
阿脩羅又移諸天人置於他土所化之國亦

阿脩羅又移諸天人置於他土所化之國亦
以瑠璃為地寶樹莊嚴樹高五百由旬枝葉
華菓次第莊嚴樹下皆有寶師子座高五由
旬亦以大寶而挍餝之亦无大海江河及目
真隣陁山摩訶目真隣陁山鐵圍山大鐵圍
山須弥山等諸山王通為一佛國土寶地平
正寶交露幔遍覆其上懸諸幡蓋燒大寶香
諸天寶華遍布其地尒時東方釋迦牟尼所
分之身百千万億那由他恒河沙等國土中
諸佛各各說法來集於此如是次第十方諸
佛皆悉來集坐於八方尒時一一方四百万
億那由他國土諸佛如來遍滿其中是時諸
佛各在寶樹下坐師子座皆遣侍者問訊釋
迦牟尼佛各賷寶華滿掬而告之言善男子

(20–10)

少病少惱氣力安樂及菩薩聲聞衆悉安隱
不以此寶華散佛供養而作是言彼某甲佛
與欲開此寶塔諸佛遣使亦復如是尒時釋
迦牟尼佛見所分身佛悉已來集各各坐於
師子之座皆聞諸佛與欲同開寶塔即從座
起住虛空中一切四衆起立合掌一心觀佛
於是釋迦牟尼佛以右指開七寶塔戶出大
音聲如却關鑰開大城門即時一切衆會皆
見多寶如來於寶塔中坐師子座全身不散
如入禪定又聞其言善哉善哉釋迦牟尼佛
快說是法華經我為聽是經故而來至此尒
時四衆等見過去无量千万億劫滅度佛說

時四衆等見過去无量千万億劫滅度佛說
如是言歎未曾有以天寶華聚散多寶佛及
釋迦牟尼佛上尒時多寶佛於寶塔中分半
座與釋迦牟尼佛而作是言釋迦牟尼佛可
就此座即時釋迦牟尼佛入其塔中坐其半
座結跏趺坐尒時大衆見二如來在七寶塔
中師子座上結跏趺坐各作是念佛座高遠
唯願如來以神通力令我等輩俱處虛空即
時釋迦牟尼佛以神通力接諸大衆皆在虛
空以大音聲普告四衆誰能於此娑婆國土
廣說妙法華經今正是時如來不久當入涅
槃佛欲以此妙法華經付囑有在尒時世尊
欲重宣此義而說偈言

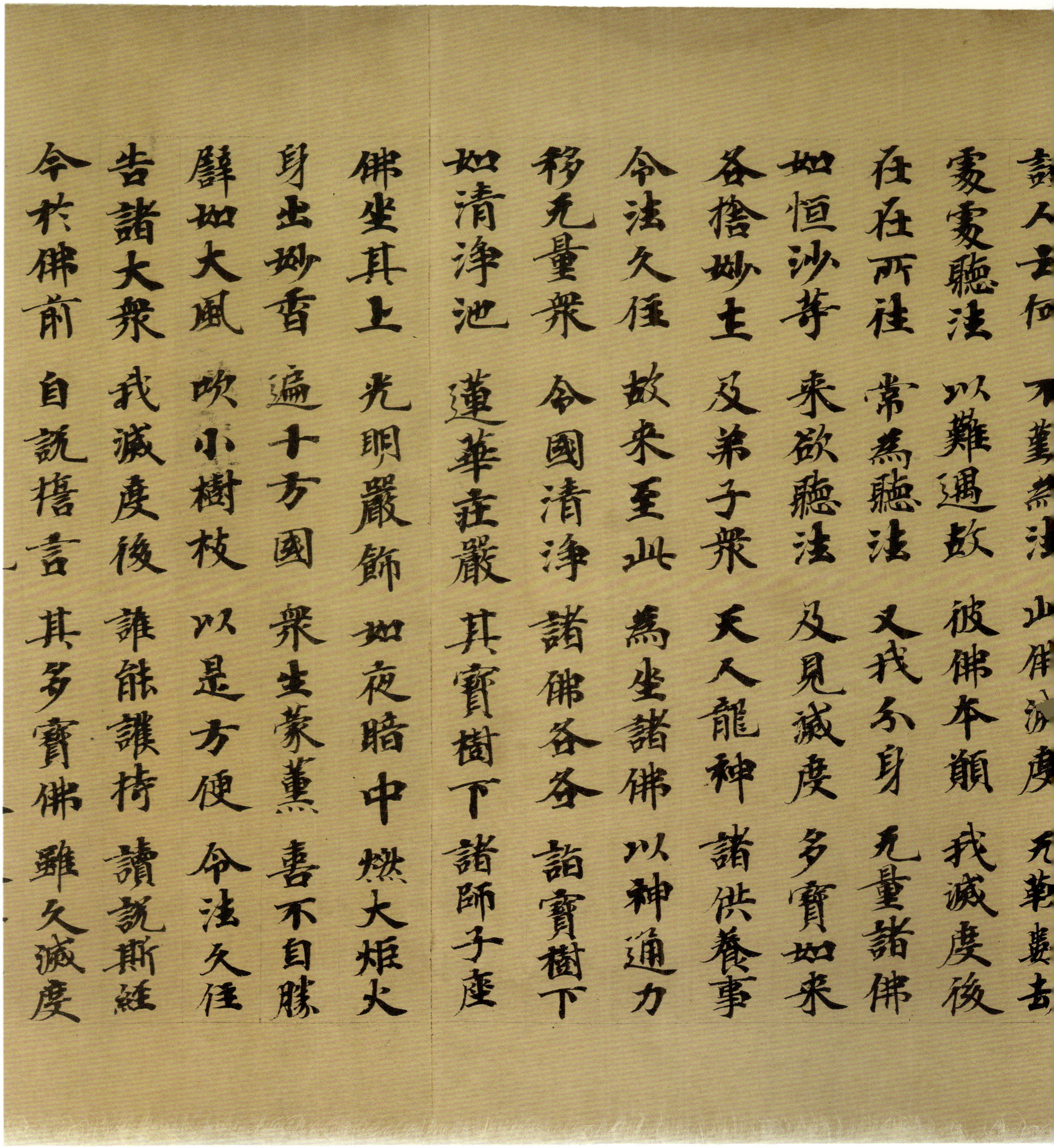

諸人云何　不勤為法　此佛滅度　无鞅數劫
處處聽法　以難遇故　彼佛本願　我滅度後
在在所往　常為聽法　又我分身　无量諸佛
如恒沙等　來欲聽法　及見滅度　多寶如來
各捨妙土　及弟子眾　天人龍神　諸供養事
令法久住　故來至此　為坐諸佛　以神通力
移无量眾　令國清淨　諸佛各各　詣寶樹下
如清淨池　蓮華莊嚴　其寶樹下　諸師子座
佛坐其上　光明嚴飾　如夜闇中　燃大炬火
身出妙香　遍十方國　眾生蒙薰　喜不自勝
譬如大風　吹小樹枝　以是方便　令法久住
告諸大眾　我滅度後　誰能護持　讀說斯經
今於佛前　自說誓言　其多寶佛　雖久滅度

BD00875　妙法蓮華經卷四

令於佛前　自說誓言　其多寶佛　雖久滅度
以大誓願　而師子吼　多寶如來　及與我身
所集化佛　當知此意　諸佛子等　誰能護法
當發大願　令得久住　其有能護　此經法者
則為供養　我及多寶　此多寶佛　處於寶塔
常遊十方　為是經故　亦復供養　諸來化佛
莊嚴光飾　諸世界者　若說此經　則為見我
多寶如來　及諸化佛　諸善男子　各諦思惟
此為難事　宜發大願　諸餘經典　數如恒沙
雖說此等　未足為難　若接須彌　擲置他方
无數佛土　亦未為難　若以足指　動大千界
遠擲他國　亦未為難　若立有頂　為眾演說
无量餘經　亦未為難　若佛滅後　於惡世中
能說此經　是則為難　假使有人　手把虛空

而以遊行　亦未為難　於我滅後　若自書持
若使人書　是則為難　若以大地　置足甲上
昇於梵天　亦未為難　佛滅度後　於惡世中
暫讀此經　是則為難　假使劫燒　擔負乾草
入中不燒　亦未為難　我滅度後　若持此經
為一人說　是則為難　若持八万　四千法藏
十二部經　為人演說　令諸聽者　得六神通
雖能如是　亦未為難　於我滅後　聽受此經
問其義趣　是則為難　若人說法　令千万億
无量无數　恒沙衆生　得阿羅漢　具六神通
雖有是益　亦未為難　於我滅後　若能奉持
如斯經典　是則為難　我為佛道　於无量土
從始至今　廣說諸經　而於其中　此經第一

從始至今　廣說諸經　而於其中　此經第一
若有能持　則持佛身　諸善男子　於我滅後
誰能受持　讀誦此經　今於佛前　自說誓言
此經難持　若暫持者　我則歡喜　諸佛亦然
如是之人　諸佛所歎　是則勇猛　是則精進
是名持戒　行頭陀者　則為疾得　无上佛道
能於來世　讀持此經　是真佛子　住淳善地
佛滅度後　能解其義　是諸天人　世間之眼
於恐畏世　能須臾說　一切天人　皆應供養

妙法蓮華經提婆達多品第十二

尒時佛告諸菩薩及天人四衆吾於過去无
量劫中求法華經无有懈惓於多劫中常作
國王發願求於无上菩提心不退轉為欲滿
足六波羅蜜勤行布施心无悋惜象馬

國城妻子奴婢僕從頭目髓腦身肉手足不

惜軀命時世人民壽命无量為於法故捐捨

國位委政太子擊鼓宣令四方求法誰能為

我說大乘者吾當終身供給走使時有仙人

來白王言我有大乘名妙法華經若不違我當

為宣說王聞仙言歡喜踊躍即隨仙人供給

所須採菓汲水拾薪設食乃至以身而為床

座身心无惓于時奉事經於千歲為於法故

精勤給侍令无所乏尒時世尊欲重宣此義

而說偈言

我念過去劫　為求大法故　雖作世國王　不貪五欲樂

搥鍾告四方　誰有大法者　若為我解說　身當為奴僕

時有阿私仙　來白於大王　我有微妙法　世間所希有

若能修行者　吾當為汝說　時王聞仙言　心生大喜悅

時有阿私仙　來白於大王　我有微妙法　世間所希有
若能脩行者　吾當為汝説　時王聞仙言　心生大喜悦
即便隨仙人　供給於所須　採薪及菓蓏　隨時恭敬與
情存妙法故　身心无懈惓　普為諸衆生　勤求於大法
亦不為己身　及以五欲樂　故為大國王　勤求獲此法
遂致得成佛　今故為汝説
佛告諸比丘尒時王者則我身是時仙人者
今提婆達多是由提婆達多善知識故令我
具足六波羅蜜慈悲喜捨三十二相八十種
好紫磨金色十力四无所畏四攝法十八不
共神通道力成等正覺廣度衆生皆因提婆
達多善知識故告諸四衆提婆達多却後過
无量劫當得成佛号曰天王如來應供正遍
知明行足善逝世間解无上士調御丈夫

人師佛世尊世界名天道時天王佛住世二
十中劫廣為眾生說於妙法恒河沙眾生得
阿羅漢果无量眾生發緣覺心恒河沙眾生
發无上道心得无生忍至不退轉時天王佛
般涅槃後正法住世二十中劫全身舍利起
七寶塔高六十由旬縱廣四十由旬諸天人
民悉以雜華末香燒香塗香衣服瓔珞幢幡
寶蓋伎樂歌頌礼拜供養七寶妙塔无量眾
生得阿羅漢无量眾生悟辟支佛不可思議
眾生發菩提心至不退轉佛告諸比丘未來
世中若有善男子善女人聞妙法華經提婆
達多品淨心信敬不生疑惑者不墮地獄餓
鬼畜生生十方佛前所生之處常聞此經若
生人天中受勝妙樂若在佛前蓮華化生於

BD00875　妙法蓮華經卷四

鬼畜生生十方佛前所生之處常聞此經若
生人天中受勝妙樂若在佛前蓮華化生於
時下方多寶世尊所從菩薩名曰智積白多
寶佛當還本土釋迦牟尼佛告智積曰善男
子且待須臾此有菩薩名文殊師利可與相
見論說妙法可還本土。尒時文殊師利坐千
葉蓮華大如車輪俱來菩薩亦坐寶華從於
大海娑竭龍宮自然踊出住虛空中詣靈鷲
山從蓮華下至於佛所頭面敬礼二世尊足
脩敬已畢往智積所共相慰問却坐一面智
積菩薩問文殊師利仁往龍宮所化衆生其
數幾何文殊師利言其數无量不可稱計非
口所宣非心所測且待須臾自當有證所言

無數菩薩坐寶蓮華從海踊出詣靈鷲
山住在虛空此諸菩薩皆是文殊師利之所
化度具菩薩行皆共論說六波羅蜜本聲聞
人在虛空中說聲聞行今皆修行大乘空義
文殊師利謂智積曰於海教化其事如是尒
時智積菩薩以偈讚曰
大智德勇健　化度無量眾　今此諸大會　及我皆已見
演暢實相義　開闡一乘法　廣度諸群生　令速成菩提
文殊師利言我於海中唯常宣說妙法華經
智積問文殊師利言此經甚深微妙諸經中
寶世所希有頗有眾生勤加精進修行此經
速得佛不文殊師利言有娑竭羅龍王女年
始八歲智慧利根善知眾生諸根行業得陁
羅尼諸佛所說甚深秘藏悉能受持深入禪

BD00875　妙法蓮華經卷四

羅尼諸佛所說甚深秘藏悉能受持深入禪
定了達諸法於剎那頃發菩提心得不退轉
辯才无礙慈念衆生猶如赤子功德具足心
念口演微妙廣大慈悲仁讓志意和雅能至
菩提智積菩薩言我見釋迦如來於无量劫
難行苦行積功累德求菩薩道未曾止息觀
三千大千世界乃至无有如芥子許非是菩
薩捨身命處爲衆生故然後乃得成菩提道
不信此女於須臾頃便成正覺言論未訖時
龍王女忽現於前頭面礼敬却住一面以偈
讚曰
深達罪福相　遍照於十方　微妙淨法身　具相三十二
以八十種好　用莊嚴法身　天人所戴仰　龍神咸恭敬

一切衆生類 无不宗奉者 又聞成菩提 唯佛當證知
我闡大乘教 度脫苦衆生
時舍利弗語龍女言汝謂不久得无上道是
事難信所以者何女身垢穢非是法器云何
能得无上菩提佛道懸曠經无量劫勤苦積
行具脩諸度然後乃成又女人身猶有五障
一者不得作梵天王二者帝釋三者魔王四
者轉輪聖王五者佛身云何女身速得成佛
尒時龍女有一寶珠價直三千大千世界持
以上佛佛即受之龍女謂智積菩薩尊者舍
利弗言我獻寶珠世尊納受是事疾不荅言
甚疾女言以汝神力觀我成佛復速於此當
時衆會皆見龍女忽然之間變成男子具菩
薩行即往南方无垢世界坐寶蓮華成等正

薩行即往南方无垢世界坐寶蓮華成等正
覺三十二相八十種好普為十方一切衆生
演說妙法尒時娑婆世界菩薩聲聞天龍八
部人與非人皆遥見彼龍女成佛普為時會
人天說法心大歡喜悉遥敬礼无量衆生聞
法解悟得不退轉无量衆生得受道記无垢
世界六反震動娑婆世界三千衆生住不退
地三千衆生發菩提心而得受記智積菩薩
及舍利弗一切衆會嘿然信受

妙法蓮華經勸持品第十三

尒時藥王菩薩摩訶薩及大樂說菩薩摩訶
薩與二万菩薩眷屬俱皆於佛前作是誓言

上慢貪利供養增不善根遠離解脫雖難可
教化我等當起大忍力讀誦此經持說書寫
種種供養不惜身命尒時眾中五百阿羅漢
得受記者白佛言世尊我等亦自誓願於異
國土廣說此經復有學无學八千人得受記
者從座而起合掌向佛作是誓言世尊我等
亦當於他國土廣說此經所以者何是娑婆
國中人多弊惡懷增上慢功德淺薄瞋濁諂
曲心不實故尒時佛姨母摩訶波闍波提比
丘尼與學无學比丘尼六千人俱從座而起
一心合掌瞻仰尊顏目不暫捨於時世尊告
憍曇彌何故憂色而視如來汝心將无謂我
不說汝名得授阿耨多羅三藐三菩提記耶憍

BD00875　妙法蓮華經卷四

不説汝名授(得)阿耨多羅三藐三菩提記耶憍
曇弥我先捴説一切聲聞皆已授記今汝欲
知記者將来之世當於六万八千億諸佛法
中為大法師及六千學无學比丘尼俱為法
師汝如是漸漸具菩薩道當得作佛号一切
衆生憙見如来應供正遍知明行足善逝世
間解无上士調御丈夫天人師佛世尊憍曇
弥是一切衆生憙見佛及六千菩薩轉次授
記得阿耨多羅三藐三菩提尒時羅睺羅母
耶輸陁羅比丘尼作是念世尊於授記中獨
不説我名佛告耶輸陁羅汝於来世百千万億
諸佛法中脩菩薩行為大法師漸具佛道於
善國　當得作佛号具足千万光相如来應

丈夫天人師佛世尊佛壽無量阿僧祇劫尒
時摩訶波闍波提比丘尼及耶輸陁羅比丘
尼并其眷屬皆大歡喜得未曾有即於佛前
而說偈言

世尊導師　安隱天人　我等聞記　心安具足

諸比丘尼說是偈已白佛言世尊我等亦能
於他方國土廣宣此經尒時世尊視八十万
億那由他諸菩薩摩訶薩是諸菩薩皆是阿
惟越致轉不退法輪得諸陁羅尼即從座起
至於佛前一心合掌而作是念若世尊告勑
我等持說此經者當如佛教廣宣斯法復作
是念佛今嘿然不見告勑我當云何時諸菩
薩敬順佛意并欲自滿本願便於佛前作師

是念佛今默然不見告勅我當云何時諸菩
薩敬順佛意并欲自滿本願便於佛前作師
子吼而發誓言世尊我等於如來滅後周旋
往反十方世界能令衆生書寫此經受持讀
誦解說其義如法修行正憶念皆是佛之威
力唯願世尊在於他方遥見守護即時諸菩
薩俱同發聲而說偈言
唯願不為慮　於佛滅度後　恐怖惡世中　我等當廣說
有諸无智人　惡口罵詈等　及加刀杖者　我等皆當忍
惡世中比丘　耶智心諂曲　未得謂為得　我慢心充滿
或有阿練若　納衣在空閑　自謂行真道　輕賤人間者
貪著利養故　與白衣說法　為世所恭敬　如六通羅漢
是人懷惡心　常念世俗事　假名阿練若　好出我等過
而作如是言　此諸比丘等　為貪利養故　說外道論議

自作此經典　誑惑世間人　為求名聞故　分別於是經
常在大眾中　欲毀我等故　向國王大臣　婆羅門居士
及餘比丘眾　誹謗說我惡　謂是邪見人　說外道論議
我等敬佛故　悉忍是諸惡　為斯所輕言　汝等皆是佛
如此輕慢言　皆當忍受之　濁劫惡世中　多有諸恐怖
惡鬼入其身　罵詈毀辱我　我等敬信佛　當著忍辱鎧
為說是經故　忍此諸難事　我不愛身命　但惜无上道
我等於來世　護持佛所囑　世尊自當知　濁世惡比丘
不知佛方便　隨宜所說法　惡口而顰蹙　數數見擯出
遠離於塔寺　如是等眾惡　念佛告勅故　皆當忍是事
諸聚落城邑　其有求法者　我皆到其所　說佛所囑法
我是世尊使　處眾无所畏　我當善說法　願佛安隱住
我於世尊前　諸來十方佛　發如是誓言　佛自知我心

我於世尊前　諸來十方佛　發如是誓言　佛自知我心

妙法蓮華經卷第四

BD00876 大目犍連冥間救母變文（一卷本）

BD00876v-1 無量壽宗要經（甲本）

BD00876v-2 無量壽宗要經（甲本）

BD00876v-3 無量壽宗要經（甲本）

407cm×31.5cm

……性子……我此世主　又復從來不相識

縱由竿下當更無人　應是三寶慈悲力

獄主啓言和尚緣何事開他地獄門　報言貧道不開阿誰開　和尚寄惣來開　獄主問言寄寄

是沒物來開　目連啓獄主寄十二環錫杖來開　獄卒又問和尚緣何事來至此　目連啓言

貧道阿孃名青提夫人故來此訪覓　獄主聞語却入獄中高樓之上道白幡打鐵鼓第一

隔中有青提夫人已否　第一隔中無過　到第二隔中道黑幡打鐵鼓第二隔中有提青夫人

已否　第二隔中亦無過　到第隔中道黃幡打鐵鼓第三隔中有青提夫人已否亦无過到第

四隔中道黑幡打鐵鼓亦無　即至第五隔中問亦道无過　到第六隔中亦道无有青

提夫人　獄卒行至第七隔中道碧幡打鐵鼓第七隔中有一青提夫人已否　其時青提夫人

在第七隔中身上下卌九道長釘釘在鐵之上不敢應　獄主更問第七隔中有

青提已否　差覓青提夫人者罪身即是　卑箇緣甚不應　恐畏獄主更將別處受苦

所以不敢應　獄主報言門外有一三寶剃除鬚髮身被法服稱言是兒故來訪

訪覓青提夫人　聞語良久思惟報言獄主我無兒子出家　不是莫錯　獄主聞語却迴行

至高樓報言和尚緣有何事詐認獄中罪人是阿孃緣沒事謗語　目連聞語悲

泣雨淚啓言獄主　貧道解來傳語錯　貧道小時名字羅卜　父母亡沒已後投仏出

家剃除鬚髮　号曰大目乾連　獄主莫嗔　更問一迴　去獄主聞語却迴至第七

隔中報言罪人　門外三寶小時名字羅卜　父母終沒已後投仏出家剃除鬚髮号曰

大目乾連　青提夫人聞語門外三寶若小時字羅卜是也　罪身一寸腸嬌子　獄主聞

語狀起青提夫人　卌九道長釘鐵鏁鏁身　生杖圍遶驅出門外母子相見處

語狀起青煙火井覆　刧世九道長釘鐵鏫　鏫鏫青生杖圍遶驅出門外母子相見處……是也罪身一一腹孃子……獄主開

生杖魚鱗似雨集　千年之罪未倘知　七孔之中流血汁　猛火從孃口中出

蒺藜步步從空下　由如五百乘破車聲　腰脊豈能於管拴　獄卒擎叉左右遮

牛頭把鏫東西立　一步一倒向前來　目連抱母號咷哭（泣）　哭曰由如不孝順

殃及慈母落三塗　積善之家有餘慶　皇天只沒煞無辜　阿孃昔日勝潘安

如今憔悴頭攬損　曾地獄多多年苦　今日方知行路難　一從遭禍耻孃死

每日墳陵常祭祀　孃孃得食喫已否　一過容顏憔悴顦顇　阿孃既得目連言

嗚呼怕搦淚交連　昨夜我見生死障　誰知今日重團圓　阿孃生時不修福

十惡之愆皆俱足　當時不用我兒言　受此阿鼻大地獄　阿孃昔日極芬榮

出入羅幃錦帳行　那堪受此泥犁苦　變作千年餓鬼行　口裏千迴出舌

胸前百過鐵犁耕　骨節筋皮隨處斷　不勞刀劍自彫零　一向須臾千迴死

于時唱道卻迴生　入此獄中同受苦　不論貴賤與公卿　汝向家中勤祭祀

只得鄉閭孝順名　縱向墳中澆酹酒　不如抄寫一行經　目連哽噎啼如雨

便即迴頭諮獄主　頻道須是出家兒　力小那能救慈母　五服之中相容隱

此即古來賢聖語　惟願獄主放卻孃　我身替孃長受苦　獄主為人情性剛

嗔心默默色蒼蒼　弟子雖然為獄主　斷決皆由平等王　阿孃有罪孃阿受

阿師遠來阿師當　金牌玉諫无楷沈　如忽死人輙改張　受罪只今時以至

須將行殺上刀槍　和尚欲得阿孃出　不如歸家燒寶香　目連慈母語聲哀

獄卒擎叉兩畔催　欲至獄門前而欲到　便即長悲好住來　青提夫人一箇手

託著獄門頻頻拷　言好住來罪身一……

獄卒擎叉兩畔催　欲至獄前而欲到　便即長悲好往來　青換夫人一箇手
託著獄門頭眼睺　言好往來罪身一寸長腸嬌子
孃昔日行慳妬　只不具業生業報恩　二言作天堂沒地獄　廣殺豬羊祭鬼神
但緣(歸)說其身眼下舉　寧知冥路將云竟　如今既受泥犁苦　方知及悟悔自家身
悔悔忽知何道　覆水難收大僭云　何時出離波吒苦　豈敢承聖重作人
阿孃是如來仏弟子　足解知之父母恩　忽若一朝登聖覺　莫望孃孃地獄受艱辛
目連既見孃孃別　恨不將身而自滅　嗟歎永自撲大山崩　七孔之中皆灑血
啓言孃孃[illegible]身莫入　迴頭更聽[illegible](見)一言　母子之情天性也　乳哺之恩是自然
見為孃孃今日別　定知相見在何年　那[illegible]堪聞此波吒苦　其心楚痛鎮懸懸
地獄不容相替代　唯知號叫大稱冤　隈是不能相救濟　見忽隨孃孃身死獄門前

目連見母却入獄地，切骨傷心，哽噎聲嘶，遂乃舉身自撲，由如五太山崩，七孔之中
皆流迸血，良久氣死，復乃重穌，兩手按地起來，政頓衣裳，騰空往至世尊
之處。 目連情地悶昏昏，人語寘寘似不聞。良久沉吟而惟悟，
擲鉢騰空問世尊。 目連仏稱密告， 具說刀山及劍樹。 蒙佛神力借餘威，
得向阿鼻見慈母。 鐵城峭焰火騰騰， 劍林數万層。 人脯硃砂和銅汁，
迸肉名漂血裏凝。 慈親容貌豈堪任， 長於遭他刀劍很。 白骨万迴盤樹劍，
紅顏百過上刀林。 天下之中何者重， 父母之情恩最深。 如來是衆生慈母，
顏照愚迷方寸心。 如來本自大慈悲， 聞語條地鎖雙眉。 衆生出沒於輪網，
怜你孃盜鬼望絲。 汝母時多背告罪， 魂神往落向鼻， 此羅劫移未出。
非佛凡夫不可知， 仏覺而難徒衆等， 五住寘真途自救之。

9

如來領八部龍天前後圍遶放光動地救地獄之苦 如來聖知本均平

慈悲地獄救衆生 無數龍神八部衆 相隨一隊向前行 隱隱逸逸

天上天元如是 左邊沉 右邊沒 如山岌岌雲雷出 催催嵬嵬

天堂地獄一時開

天堂地獄一時開　行如雨　動如雷　似月團團海上來　獨自峨峨師子步
虛中行步步象王迴　雲中天樂吹楊柳　空裏寶花下落梅　帝釋向前持玉寶
梵王從後奉金罍　不可論中不可論　如來神力救眾門　左右天人八部眾
東西侍衛四方神　眉間毫相千般色　項後圓光五綵雲　地獄沾光消散盡
劍樹刀林似碎塵　獄卒沾光皆胡跪　合掌恭而頂禮　如來今日起慈悲
地獄摧殘悉破壞　鐵丸化作摩尼寶　刀山化作瑠璃池　銅汁變作功德水
清良盈由遶池流　鵝鴨鴛鴦狀滾滾　紅波夜夜碧煙生　鐵樹朝朝紫雲氣
罪人總得生天上　唯有目連阿孃為餓鬼

目連承佛威重得見慈母罪根深結業力難排雖免地獄之艱墮在餓鬼之道悲身不等苦
樂苦殊差並前途感其百千万倍咽如針孔滴水不通頭似太山三江難滿無聞漿水之名累
月經年受飢羸之苦遥見清凉冷水近著變作膿河縱得美食香飡便化為猛火

月經年受飢羸之苦，遙見清涼冷水，近著變作膿河；縱得美食香飡，便即化為猛火。

孃孃見今飢困，命若懸絲，汝若不去慈悲，豈名孝順之子。生死路隔，後會難期，欲救懸之危，事

不應遲晚。出家之法，依信施而安存，樂有常在飲食，恐難消化，見慈孃孃往向王舍城中取飯與

孃孃相見。目連辭母，擲鉢騰空，須臾之間，即到王舍城中，次第乞飯，行到長者門前。長者見

目連非時乞食，盤問追逐之處。　和尚旦齋已過，今時已過乞飯，將用何為。　目連

啓言長者：貧道阿孃亡過後，魂神一往落阿鼻。　近得如來相救出，身如枯骨氣如絲。

貧道肝腸寸寸斷，痛切傷心豈得知。　計亦不合非時乞，為以慈親而乞之。

長者聞言大驚愕，思忖無常情不樂。　今朝永絕自的珠心，玉白無由上座間。　但且歡娛但且樂，

人命由而轉燭。　何不見天堂受快樂，唯聞地獄罪人多。　有時喫有時著，莫學愚人多貯積。

不如廣造未來因，誰能保命存朝夕。　兩兩相看不覺死，錢財必莫於身惜。　一朝撒手入長棺，

空流塚上有何益。　智者用錢多造福，愚人將金買田宅。　平生辛苦覓錢財，死後怨彼他分析。

長者聞語忽驚嗟，三寶福田難可遇。　急催左右急安排，家中取飯奇闍梨。　地獄忽然消散盡，

明知諸佛不思議。　長者手中執得飯，過以闍梨發大願。　悲但和尚奉慈親，合獄罪人皆飽滿。

目連乞得粳良飯，持鉢將來獻慈母。　于時行美荒效，手把金匙而自哺。

9

青提夫人雖遭地獄之苦，慳貪久竟未除。見兒將得飯鉢來，望風即生恡惜。來者三
寶即是我兒，為我人間求飯。汝等今人息心，我今自餐，況復更能相濟。目連將飯并鉢奉上阿孃，恐
被侵奪，舉眼連看四伴，左手鄣鉢，右手團食，食未入口，變為猛火。長者雖然能捨，
不那慳部尤深。目連見母如斯，肝腸猶如刀割。我今聲力弱智小人微，唯有啟問世尊，應知濟拔之路。
具着母飯處、 天人見頗向前迎 慳貪見未喫且空爭 我兒遠取人間飯 將來自擬療飢虛
獨喫猶嫌不能足 諸人息意慢承忘 青提慳貪業力重 入口喉中猛火生 目連母見喫飯成猛火
渾捉自撲如山崩 耳鼻之中皆流血 哭言黃天我孃孃 南閻浮提施飯 飯上有七尺往神光
將作是香美飲食 飯未入口便成火 口為慳貪心不改 所以遭逢受其罪 如今痛切更無方
業民不容相諸弋 世人貪慕疾妬 一落三塗罪未畢 香飯未及入口美 …

業報不容相替代　世人須憐如疾始　一落三塗罪未畢　香飯未及入咽喉　猛火從孃口中出
俗間之罪滿娑婆　唯有貪心罪最多　火既无端從口出　明知業報不由他　一切常行平等意
忽復壽心念弥陀　但能捨却貪心者　淨土天堂隨意至　青提夫人言孝順兒　罪業之身不自在
不得阿師孝順道　誰肯艱辛救阿孃　見飯未能抄入口　見火无端却損傷　孃今貪者得阿念
只應過有百餘秋　何時是孃孝順子　與我冷水濟虛腸　目連聞阿孃索水　三求咽聲
嘶思忖時中間忽憶　王舍城南有大水　闊浪无邊　名曰恒河之水　亦應救得阿孃火
難之苦　南閻浮提眾生見水即是清涼冷水　諸天見水即是瑠璃寶池　魚鱉黿鼉見
此水即是青提濁澤提青見水即是膿河猛火　行至水頭未見咒願　便即左手
枕岸良田　右手抄水良田貪直為慳貪心　不以水未入口便成火　目連見阿
孃喫飯成猛火　喫水成猛火　搥胸懊惱悲號啼哭來向佛前　遶佛三匝　却住一面白言
世尊慈悲救得阿孃之苦　只今喫飯成火　喫水成火　如救得阿孃火難之苦

世尊嘆言：目連，汝阿孃如今未得飯喫，无過周匝一年七月十五日廣造盂蘭盆，始得飯喫。
目連見阿孃飢，白言世尊：每月十三十四日可不得否？要須待一年之中七月十五日始得飯
喫？世尊報言：非但汝阿孃，當日須次日廣造盂蘭盆，諸山坐禪戒下日，羅漢得
道日，提婆達多罪滅日，閻羅王歡喜日，一切餓鬼總得普同飽滿日。目連承佛明
教，便向王舍城邊塔廟之前轉讀大乘經典，廣造盂蘭盆善根，阿孃此就盆
中始得一頓飽飯喫。從得飯已來，母子更不相見。目連諸處覓阿孃不
見，悲泣雨淚，來向佛前遶佛三匝，却住一面，合掌䠒跪，白言世尊：阿孃喫飯成火，飲
喫水成火。蒙世尊慈悲，救得阿孃大難之苦。從七月十五日得一頓飯喫已來，母子更
不相見，為當墮地獄，為復向餓鬼之途。

世尊報言汝母為不墮地獄餓鬼之途汝轉經功德造盂盆善根汝母轉餓鬼之身
向王舍城中作黑狗身去汝欲得見阿孃者心行平等次弟乞食莫問貧富行
至大富長者門前有一黑狗出来挽汝袈裟銜著作人語即是汝阿孃也
目連依仏勑遂即託鉢持盂尋覓阿孃不問貧富坊巷行於遍舍惣不見阿孃行
至一長者門前見一黑狗身從宅裏出来便挽目連袈裟咸著即作人語言
阿孃孝順子忽是能向地獄冥路之中救阿孃来因何不救狗身之苦目連啓言
慈母由見不孝順殃及慈母墮落三塗寧作狗身於此作餓鬼之途阿孃嘆言孝
順兒受此狗身音啞報行住坐卧得存飢即於坑中食人不淨渴飲長流以濟虚
朝聞長者念三寶 夜聞娘子誦尊經寧作狗身受大地不淨耳中不聞地獄之名
目連引得阿孃往於王舍城中仏塔之前七日七夜轉誦大乘經典懺悔念戒阿孃乘此功

目連引得阿孃往於王舍城中仏塔之前七日七夜轉誦大乘經典懺悔念戒阿孃乘此功
德轉却狗身退却狗皮掛於樹上還得女人全具人狀圓滿　目連啟言阿孃人身
難得中國難生仏法難聞善心難發喚言阿娘今得人身即須修福　目連將母於
娑羅雙樹下遶佛三匝却住一面白言世尊与弟子阿孃看業道已來從頭觀
占更有何罪世尊不棄目連之語從三業道觀看更無私之罪　目連見母罪滅
心甚歡喜啟言之阿娘歸去來閻浮世界不堪停生住死本來无住處西方仏国最
為精咸得天龍奉引其前盡得天女來迎接一往仰前刀利天受快樂最初說
偈度俱輪當時此經此經時有八万菩薩八万僧八万優婆塞八万優婆姨作礼
圍遶歡喜信受奉行
大目犍連變文一卷
太平興國二年歲在丁丑潤六月五日顯德寺學仕郎楊願受一人思微
發願作福寫書此目連變一卷後同釋迦牟尼佛壹會彌勒生作仏
為定　後有衆生同發信心寫書目連變者同池願力莫墮三途

275:7707

要經

薄伽梵在舍衛国祇給孤獨園與大苾芻僧千二百五十人比丘及大菩薩摩訶

薩衆俱同會坐尒時世尊告曼殊室利童子曼殊上方有世界名无量功德聚彼土有佛号无量

智決定王如來阿耨多羅三藐三菩提[illegible]生開示說法曼殊諦聽南閻浮提人皆短

壽大限百年於中夭枉橫死者衆曼殊如是无量壽如來功德名稱法要若有衆生得

聞名号若自書或使人書能為經卷受持讀誦若於舍宅所住之處以種種花鬘瓔珞

塗香末香而為供養其如命盡復得延年滿足百歲如是曼殊若有衆生得聞是无

量壽智決定王如來一百八名号者益其長壽若有衆生大命將盡憶念是如來名号更得

增壽如來曼殊若有善男子善女人欲求長壽於是无量壽如來一百八名号有得聞者

或自書若使人書受持讀誦得如是果報福德具足陁羅尼曰　南謨薄伽勒底一阿波唎蜜

多二阿喻紇硯娜三須毗你悉指陁四羅佐耶五怛他羯他耶怛姪他唵七薩婆桑悉迦羅八波唎輸底九達

磨底十伽迦娜十一薩婆訶莫持迦底十二薩婆婆毗輸底十三摩訶娜耶十四波唎婆唎莎訶十五

世尊復告曼殊室利如是如來一百八名号若自或使人書為經卷受持讀誦如壽命盡復得

百年壽終此身後得往生无量壽福智世界无量壽淨土陁羅尼曰　南謨薄伽勒底一阿波

唎蜜多二阿喻紇硯娜三須毗你悉指陁四羅佐耶五怛他羯他耶六怛姪他唵七薩婆桑悉迦羅八波唎輸

底九達磨底十伽迦娜十一[illegible]

冞蜜多阿喻紇硯那須毗你悉指陀羅佐耶怛他羯他耶怛姪他唵薩婆桑悉迦羅波唎輸
底九達磨底十伽迦娜十一娑訶某持迦底十二薩婆婆毗輸底十三摩訶娜耶十四波唎婆唎莎訶十五
尒時有九十九姟佛一時同聲說是无量壽宗要經陀羅尼曰　南謨薄伽勃底阿波唎蜜
多二阿喻紇硯那三須毗你悉指陀四羅佐耶五怛他羯他耶怛姪他唵七薩婆桑悉迦羅八波唎輸底九
達磨底十伽迦娜十一娑訶某持迦底十二薩婆婆毗輸底十三摩訶娜耶十四波唎婆唎莎訶十五
尒時復有一百四姟佛一時同聲說是无量壽宗要經陀羅尼曰　南謨薄伽勃底一阿波唎
蜜多二阿喻紇硯那三須毗你悉指陀四羅佐耶五怛他羯他耶六怛姪他唵七薩婆桑悉迦羅八波唎
輸底九達磨底十伽迦娜十一娑訶某持迦底十二薩婆婆毗輸底十三摩訶娜耶十四波唎婆唎莎訶十五
尒時復有七姟佛一時同聲說是无量壽宗要經陀羅尼曰　南謨薄伽勃底阿波唎
蜜多二阿喻紇硯那三須毗你悉指陀羅佐耶怛他羯他耶怛姪他唵七薩婆桑悉迦羅八波唎輸底
達磨底伽迦娜十一娑訶某持迦底薩婆婆毗輸底十三摩訶娜耶十四波唎婆唎莎訶十五　尒時復有
六十五姟佛一時同聲說是无量壽宗要經陀羅尼曰　南謨薄伽勃底阿波唎蜜多二阿
喻紇硯那三須毗你悉指陀羅佐耶四怛他羯他耶五怛姪他唵六薩婆桑悉迦羅八波唎輸底達磨底伽迦娜
娑訶某持迦底十二薩婆婆毗輸底十三摩訶娜耶十四波唎婆唎莎訶十五　尒時復有五十五姟佛一時復
同聲說是无量壽宗要經陀羅尼曰　南謨薄伽勃底阿波唎蜜多二阿喻紇硯那三須毗你悉指
陀羅佐耶五怛他羯他耶六怛姪他唵七薩婆桑悉迦羅八波唎輸底九達磨底十伽迦娜十一娑訶某持迦底十二薩婆

怛他羯他耶 怛姪他唵 薩婆桑塞迦囉 波唎輸底 達磨底 伽迦娜 娑訶其持迦底 薩婆

娑毗輸底 十三 摩訶娜耶 十四 波唎婆唎娑訶 十五 尒時復有四十五殑佛一時同聲說是无量壽宗要經

陀羅尼曰 南謨薄伽勃底 一 阿波唎蜜多 二 阿喻紇硯娜 三 須毗你悉指陀 四 囉佐耶 五 怛他羯他

耶 六 怛姪他唵 七 薩婆桑塞迦囉 八 波唎輸底 九 達磨底 十 伽迦娜 十一 娑訶其持迦底 十二 薩婆婆毗輸底

摩訶娜耶 十四 波唎婆唎娑訶 十五 尒時復有三十六殑佛一時同聲說是无量壽宗要經陀羅

尼曰 南謨薄伽勃底 一 阿波唎蜜多 二 阿喻紇硯娜 三 須毗你悉指陀 四 囉佐耶 五 怛他羯他耶 六 怛姪他

薩婆桑塞迦囉 八 波唎輸底 九 達磨底 十 伽迦娜 十一 娑訶其持迦底 十二 薩婆婆毗輸底 十三 摩訶娜耶 十四 波唎婆

唎娑訶 十五 尒時復有二十五殑佛一時同聲說是无量壽宗要經陀羅尼曰 南謨薄伽勃底 一 阿

波唎蜜多 二 阿喻紇硯娜 三 須毗你悉指陀 四 囉佐耶 五 怛姪他唵 七 薩婆桑塞迦囉 八 波唎輸底 九 達磨底 十 伽迦娜 十一

娑訶其持迦底 十二 薩婆婆毗輸底 十三 摩訶娜耶 十四 波唎婆唎娑訶 十五 尒時復有恒河沙殑佛一時同聲

說是无量壽宗要經陀羅尼曰 南謨薄伽勃底 一 阿波唎蜜多 二 阿喻紇硯娜 三 須毗你悉指陀 四 囉佐耶 五

怛他羯他耶 六 怛姪他唵 七 薩婆桑塞迦囉 八 波唎輸底 九 達磨底 十 伽迦娜 十一 娑訶其持迦底 十二 薩婆婆毗輸底 十三 摩

訶娜耶 十四 波唎婆唎娑訶 十五 若男子若有自書寫教人書寫是无量壽宗要經知其命盡復得長

壽而滿年陀尼曰 南謨薄伽勃底 一 阿波唎蜜多 二 阿喻紇硯娜 三 須毗你悉指陀 四 囉佐耶 五 怛他羯姪

他唵 七 薩婆桑塞迦囉 八 波唎輸底 九 達磨底 十 伽迦娜 十一 娑訶其持迦底 十二 薩婆婆毗輸底 十三 摩訶娜耶 十四 波唎婆

唎娑訶 十五 若有自書寫教人書寫是无量壽宗要經讀誦受持畢竟不墮獄地在在所生得宿

剌步訶　若有自書寫教人書寫是无量壽宗要經讀誦受持畢竟不墮地獄在在所生得宿
命智陀羅尼日　南謨薄伽勒底阿波剌蜜多二阿喻紇硯娜三須毗你悉指陀四羅佐耶五怛他羯他耶
怛姪他唵七薩婆桑悉迦羅八波剌輸底九達磨底十伽迦娜十一步訶其持迦底十二薩婆婆毗輸底十三摩訶娜耶十四
波剌婆嚩步訶十五　若有自書寫教人書寫是无量壽宗要經受持讀誦如同書寫八万四千一切經
典陀羅尼日　南謨薄伽勒底阿波剌蜜多二阿喻紇硯娜三須毗你悉指陀四羅佐耶五怛他羯他怛姪他唵
薩婆桑悉迦羅八波剌輸底九達磨底十伽迦娜十一步訶其持迦底十二薩婆婆毗輸底十三摩訶娜耶十四波剌婆剌
步訶十五　若有自書寫教人書寫是无量壽宗要經即是書寫八万四千部建立塔廟陀羅尼日
南謨薄伽勒底阿波剌蜜多二阿喻紇硯娜三須毗你悉指陀四羅佐耶五怛他羯他耶怛姪他唵七薩婆桑悉
迦羅八波剌輸底九達磨底十伽迦娜十一步訶其持迦底十二薩婆婆毗輸底十三摩訶娜耶十四波剌婆嚩步訶十五
若有自書寫教人書寫是无量壽宗要經能消五无間等一切重罪陀羅尼日　南謨薄伽勒底阿波
剌蜜多二阿喻紇硯娜三須毗你悉指陀四羅佐耶五怛他羯他耶六怛姪他唵七薩婆桑悉迦羅八波剌輸底九
達磨底十伽迦娜十一步訶其持迦底十二薩婆婆毗輸底十三摩訶娜耶十四波剌婆剌步訶十五
若有自書寫教人書寫是无量壽宗要經受持讀誦設有重罪猶如須弥盡能除滅陀羅尼日
南謨薄伽勒底一阿波剌蜜多二阿喻紇硯娜三須毗你悉指陀四羅佐耶五怛他羯他耶六怛姪他唵七薩婆桑悉迦
羅八波剌輸底九達磨底十伽迦娜十一步訶其持迦底十二薩婆婆毗輸底十三摩訶娜耶十四波剌婆剌步訶十五
若有自書寫教人書寫是无量壽宗要經受持讀誦若魔魔之眷屬夜叉剎羅不得其便終

无枉横死陁羅尼日　南謨薄伽勃底一阿波唎蜜多二阿喻紇硯那三須毗你悉指陁四羅佐耶五怛他羯
他耶六怛姪他唵七薩婆桑悉迦羅八波唎輸底九達摩底十伽伽那十一莎訶某特迦底十二薩婆婆毗輸底十三摩訶
娜耶十四波唎婆囉莎訶十五　若有自書寫教人書寫是无量壽宗經受持讀誦當命終時有九十九垓佛
現其人前來千佛授手能往佛剎莫於此經生於疑惑陁羅尼日　南謨薄伽勃底一阿波唎蜜
多二阿喻紇硯那三須毗你悉指陁四羅佐耶五怛他羯他耶六怛姪他唵七薩婆桑悉迦底羅八波唎輸底九達摩底十伽伽那十一莎
訶某特迦底十二薩婆婆毗輸底十三摩訶娜耶十四波唎婆囉莎訶十五　若有自書寫教人書寫是无量壽
宗要經受持讀誦當得往生西方極樂世界阿彌陁淨土陁羅尼日　南謨薄伽勃底一阿波唎蜜
多二阿喻紇硯那三須毗你悉指陁四羅佐耶五怛他羯他耶六怛姪他唵七薩婆桑悉迦羅八波唎輸底九達摩底
伽伽那十一莎訶某特迦底十二薩婆婆毗輸底十三摩訶娜耶十四波唎婆囉莎訶十五　若有自書寫教人書
寫是无量壽宗要經典之處則為是塔皆應供敬作礼是若畜生或為鳥獸得聞是經始
是等類皆當不久得成一切種智陁羅尼日　南謨薄伽勃底一阿波唎蜜多二阿喻紇硯那三須
毗你悉指陁四羅佐耶五怛他羯他耶六怛姪他唵七薩婆桑悉迦羅八波唎輸底九達摩底十伽伽那十一莎訶某特迦
底十二薩婆婆毗輸底十三摩訶娜耶十四波唎婆唎莎訶十五　若有於是无量壽經自書若使人書畢竟
不受女人之身陁羅尼日　南謨薄伽勃底一阿波唎蜜多二阿喻紇硯那三須毗你悉指陁四羅佐耶五怛
他羯他耶六怛姪他唵七薩婆桑悉迦羅八波唎輸底九達摩底十伽伽那十一莎訶某特迦底十二薩婆婆毗輸底

他羯他耶六 怛姪他唵七 薩婆桑悉迦羅八 波唎輸底九 達磨底十 伽迦那十一 莎訶某特迦底十二 薩婆婆毗輸底十三
摩訶那耶十四 波唎婆唎莎訶十五 若有能於是經少分能惠施者等於三千大千世界滿中七寶布施
陁羅尼曰 南謨薄伽勃底 阿波唎蜜多二 阿喻紇硯那三 須毗你悉指陁四 羅佐耶五 怛他羯他耶六 怛姪
他唵七 薩婆桑悉迦羅八 波唎輸底九 達磨底十 伽迦那十一 莎訶某特迦底十二 薩婆婆毗輸底十三 摩訶那耶十四 波
唎婆唎莎訶十五 若有能供養是經者供養一切諸經等无有別異 陁羅尼曰 南謨薄伽勃底
阿波唎蜜多二 阿喻紇硯那三 須毗你悉指陁四 羅佐耶五 怛他羯他耶六 怛姪他唵七 薩婆桑悉迦羅八 波唎輸底
達磨底十 伽迦那十一 莎訶某特迦底十二 薩婆婆毗輸底十三 摩訶那耶十四 波唎婆唎莎訶十五
如是毗婆尸佛尸棄佛毗舍浮佛俱留孫佛俱舍牟尼佛加葉佛釋迦牟尼佛 若有人以七寶供養
如是七佛其福有限書寫受持是无量壽經典所有功德不可限量 陁羅尼曰 南謨薄伽勃底
阿波唎蜜多二 阿喻紇硯那三 須毗你悉指陁四 羅佐耶五 怛他羯他耶六 怛姪他唵七 薩婆桑悉迦羅八 波唎輸底九 達磨
底十 伽迦那十一 莎訶某特迦底十二 薩婆婆毗輸底十三 摩訶那耶十四 波唎婆唎莎訶十五 若有七寶等於須弥以用
布施其福上能知其限量 是无量壽經典其福不可知數 陁羅尼曰 南謨薄伽勃底 阿波唎蜜多
阿波唎喻紇硯那三 須毗你悉指陁四 羅佐耶五 怛他羯他耶六 怛姪他唵七 薩婆桑悉迦羅八 波唎輸底九 達磨底十 伽迦那十一 莎
訶某特迦底十二 薩婆婆毗輸底十三 摩訶那耶十四 波唎婆唎莎訶十五 如是四大海水可知滴數 是无量壽
經典所生果報不可數量 陁羅尼曰 南謨薄伽勃底 阿波唎蜜多二 阿喻紇硯那三 須毗你悉指陁四
羅佐耶五 怛他羯他六 怛姪他唵七 薩婆桑悉迦羅八 波唎輸底九 達磨底十 伽迦那十一 莎訶某特迦底十二 薩婆婆毗輸底

羅伐耶 怛他揭他 怛姪他唵 薩婆桑塞迦羅波利輸底 達磨底 伽迦那 莎訶 其未迦底 薩婆娑毗輸底
摩訶娜耶十四 波利婆利莎訶 十五 若有自書寫使人書寫是无量壽宗經典又能護持供養即如
恭敬供養一切十方佛土如来有利異陀羅尼日 南謨薄伽勃底一 阿波利蜜哆二 阿喻紇硯娜三 須
毗你悉指陁四 羅佐耶五 怛他揭他耶六 怛姪他唵七 薩婆桑塞迦羅八 波利輸底九 達摩底十 伽迦娜十一 莎訶 其持
迦底十二 薩婆娑毗輸底十三 摩訶娜耶十四 波利婆利莎訶 十五
布施力能成正覺 悟布施力人師子 布施力能聲普聞 慈悲階漸最能入
持戒力能成正覺 悟持戒力人師子 持戒力能聲普聞 慈悲階漸最能入
忍辱力能成正覺 悟忍辱力人師子 忍辱力能聲普聞 慈悲階漸最能入
精進力能成正覺 悟精進力人師子 精進力能聲普聞 慈悲階漸最能入
禪定力能成正覺 悟禪定力人師子 禪定力能聲普聞 慈悲階漸最能入
智慧力能成正覺 悟智慧力人師子 智慧力能聲普聞 慈悲階漸最能入
尒時如来說是經已一切世間天人阿脩羅揵闥婆等聞佛所說皆大歡喜信受奉行
一時同聲說是无量壽宗要經陁羅尼日 南謨薄伽勃底一 阿波唎蜜哆二 阿喻紇硯娜三 須毗你悉指
陁四 羅佐耶五 怛他羯他耶六 怛姪他唵七 薩婆桑塞迦囉八 波唎輸底九 達磨底十 伽迦娜十一 莎訶 其
持迦底十二 薩婆娑毗輸底十三 摩訶娜耶十四 波唎婆唎莎訶十五 尒時復有三十六姟佛一時同聲
說是无量壽宗要經陁羅尼日 南謨薄伽勃底一 阿波唎蜜哆二 阿喻紇硯娜三 須毗你悉指

說是无量壽宗要經陁羅尼曰南謨薄伽勃底一阿波唎蜜哆二阿喻紇硯娜三須毗你悉指
悉指陁四囉佐耶五怛他羯他耶六怛姪他唵七薩婆桑悉迦囉八鉢唎輸底九達磨底十伽迦
娜十一莎訶其持迦底十二薩婆〻毗輸底十三摩訶娜耶十四波唎婆唎莎訶十五尒時復有二十五
殑佛一時同聲說是无量壽宗要經陁羅尼曰南謨薄伽勃底一阿波唎蜜哆二阿喻紇硯
娜三須毗你悉指陁四囉佐耶五怛他羯他耶六怛姪他唵七薩婆桑悉迦囉八鉢唎輸底九達
磨底十伽迦娜十一莎訶其持迦底十二薩婆〻毗輸底十三摩訶娜耶十四波唎婆唎莎訶十五
尒時復有恒河沙殑佛一時同聲說是无量壽宗要經陁羅尼曰南謨薄伽勃底一阿波唎蜜哆
阿喻紇硯娜三須毗你悉指陁四囉佐耶五怛他羯他耶六怛姪他唵七薩婆桑悉迦囉八鉢唎
輸底九達磨底十伽迦娜十一莎訶其持迦底十二薩婆〻毗輸底十三摩訶娜耶十四波唎婆唎
莎訶十五善男子若有自書寫教人書寫是无量壽宗要經如其命盡復得長壽而滿
年陁羅尼曰南謨薄伽勃底一阿波唎蜜哆二阿喻紇硯娜三須毗你悉指陁四囉佐耶五怛他
羯他耶六怛姪他唵七薩婆桑悉迦囉八波唎輸底九達磨底十伽迦娜十一莎訶其持迦底十二薩
婆〻毗輸底十三摩訶娜耶十四波唎婆唎莎訶十五若有自書寫教人書寫是无量壽宗要經讀誦
受持畢竟不墮地獄在在所生得宿命智陁羅尼曰南謨薄伽勃底一阿波唎蜜哆二阿喻紇硯娜
須毗你悉指陁四囉佐耶五怛他羯他耶六怛姪他唵七薩婆桑悉迦囉八波唎輸底九達磨底十
伽迦娜十一莎訶其持迦底十二薩婆〻毗輸底十三摩訶娜耶十四波唎婆唎莎訶十五若有自書寫

迦娜十一莎訶其持迦底十二薩婆䫂毗輸底十三摩訶娜耶十四波唎婆唎莎訶十五若有自書寫
教人書寫是无量壽宗要經受持讀誦如同書寫八万四千一切經典陁羅尼曰 南謨薄伽勃底
阿波唎蜜哆二阿喻紇硯娜三須毗你悉指陁四囉佐耶五怛他羯他耶六怛姪他唵七薩婆桑悉迦囉八波唎
輸底九達磨底十伽迦娜十一莎訶其持迦底十二薩婆毗輸底十三摩訶娜耶十四波唎婆唎莎訶十五
若有自書寫教人書寫是无量壽宗要經即是書寫八万四千部建立塔廟陁羅尼曰南謨薄伽勃
底一阿波唎蜜哆二阿喻紇硯娜三須毗你悉指陁四囉佐耶五怛他羯他耶六怛姪他唵七薩婆桑
悉迦囉八鉢唎輸底九達磨底十伽迦娜十一莎訶其持迦底十二薩婆毗輸底十三摩訶娜耶
波唎婆唎莎訶十五 若有自書寫教人書寫是无量壽宗要經能消五无間等一切重罪
陁羅尼曰 南謨薄伽勃底一阿波唎蜜哆二阿喻紇硯娜三須毗你悉指陁四囉佐耶五怛
他羯他耶六怛姪他唵七薩婆桑悉迦囉八鉢唎輸底九達磨底十伽迦娜十一莎訶其持迦底
薩婆毗輸底十三摩訶娜耶十四波唎婆唎莎訶十五 若有自書寫教人書寫是无
量壽宗要經受持讀誦設有重罪猶如須弥盡能除滅陁羅尼曰 南謨薄伽勃底一阿波唎蜜哆
阿喻紇硯娜三須毗你悉指陁四囉佐耶五怛他羯他耶六怛姪他唵七薩婆桑悉迦囉八鉢唎
輸底九達磨底十伽迦娜十一莎訶其持迦底十二薩婆毗輸底十三摩訶娜耶十四波唎婆唎莎訶
若有自書寫教人書寫是无量壽宗要經受持讀誦若魔之眷屬夜叉羅刹不得其便
終无枉死陁羅尼曰 南謨薄伽勃底一阿波唎蜜哆二阿喻紇硯娜三須毗你悉指陁四囉佐耶

終无在九陁羅尼曰　南謨薄伽勃底一阿波唎蜜哆二阿喻紇硯娜三須毗你悉指陁四囉佐耶
五怛他羯他耶六怛姪他唵七薩婆桑悉迦囉八波唎輸底九達磨底十伽迦娜十一莎訶其持迦底十二
薩婆毗輸底十三摩訶娜耶十四波唎婆唎莎訶十五　若有自有書寫教人書寫是无量壽
宗要經受持讀誦當命終時有九十九姟佛現其人前爲千佛授手能遊一切佛剎莫於此經生於疑
惑陁羅尼曰　南謨薄伽勃底一阿波唎蜜哆二阿喻紇硯娜三須毗你悉指陁四囉佐耶五怛他羯他
耶六怛姪他唵七薩婆桑悉迦囉八鉢唎輸底九達磨底十伽迦娜十一莎訶其持迦底十二薩婆
毗輸底十三摩訶娜耶十四波唎婆唎莎訶十五　若有自書寫教人書寫是无量壽宗要經受
持讀誦常得四天大王隨其衛護陁羅尼曰　南謨薄伽勃底一阿波唎蜜哆二阿喻紇硯娜三須
毗你悉指陁四囉佐耶五怛他羯他耶六怛姪他唵七薩婆桑悉迦囉八鉢唎輸底九達磨底十伽
迦娜十一莎訶其持迦底十二薩婆毗輸底十三摩訶娜耶十四波唎婆唎莎訶十五　若有自書
寫教人書寫是无量壽宗要經受持讀誦當得往生西方極樂世界阿彌陁淨土陁羅尼曰　南謨薄伽
勃底一阿波唎蜜哆二阿喻紇硯娜三須毗你悉指陁四囉佐耶五怛他羯他耶六怛姪他唵七薩婆
桑悉迦囉八波唎輸底九達磨底十伽迦娜十一莎訶其持迦底十二薩婆毗輸底十三摩訶娜耶
波唎婆唎莎訶十五　若有方所自書寫使人書寫是无量壽經典之處則爲是塔皆應恭敬作礼若
是畜生或爲鳥獸得聞是經如是等類皆當不久得成一切種智陁羅尼曰　南謨薄伽勃底一阿波
唎蜜哆二阿喻紇硯娜三須毗你悉指陁四囉佐耶五怛他羯他耶六怛姪他唵七薩婆桑悉迦囉八

唎蜜哆二阿喻紇硯娜三須毗你悉指陀四囉佐耶五怛他羯他耶六怛姪他唵七薩婆桑悉迦囉八
鉢唎輸底九達磨底十伽伽娜十一莎訶某持迦底十二薩婆〻毗輸底十三摩訶娜耶十四波唎婆唎
莎訶十五　若有於是无量壽經自書寫若使人書畢竟不受女人之身陀羅尼曰　南謨薄伽
勃底一阿波唎蜜哆二阿喻紇硯娜三須毗你悉指陀四囉佐耶五怛他羯他耶六怛姪他唵七薩
婆桑悉迦囉八鉢唎輸底九達磨底十伽伽娜十一莎訶某持迦底十二薩婆〻毗輸底十三摩訶娜
耶十四波唎婆唎莎訶十五　若有能於是經少分能惠施者等於三千大千世界滿中七寶布施陀羅
尼曰　南謨薄伽勃底一阿波唎蜜哆二阿喻紇硯娜三須毗你悉指陀四囉佐耶五怛他羯他耶六怛姪他
唵七薩婆桑悉迦囉八波唎輸底九達磨底十伽伽娜十一莎訶某持迦底十二薩婆〻毗輸底十三摩
訶娜耶十四波唎婆唎莎訶十五　若有能供養是經者則是供養一切諸經等无有異陀羅尼曰
南謨薄伽勃底一阿波唎蜜哆二阿喻紇硯娜三須毗你悉指陀四囉佐耶五怛他羯他耶六怛姪
他唵七薩婆桑悉迦囉八波唎輸底九達磨底十伽伽娜十一莎訶某持迦底十二薩婆〻毗
輸底十三摩訶娜耶十四波唎波唎莎訶十五　如是毗婆尸佛　尸弃佛　俱留孫佛　俱那含牟尼
佛　迦葉佛　釋迦牟尼佛　若有人以七寶供養如是七佛其福有限書寫受持是无量壽
經典所有功德不可限量陀羅尼曰　南謨薄伽勃底一阿波唎蜜哆二阿喻紇硯娜三須毗你悉指陀
囉佐耶五怛他羯他耶六怛姪他唵七薩婆桑悉迦囉八波唎輸底九達磨底十伽伽娜十一莎訶某持
迦底十二薩婆〻毗輸底十三摩訶娜耶十四波唎婆唎莎訶十五　若有七寶等於須弥以用布施其福

迦底十二薩婆婆毗輸底十三摩訶娜耶十四波唎婆唎莎訶十五 若有七寶等於須弥以用布施其福上
能知其限量，是无量壽經典，其福不可知數。陀羅尼曰：南謨薄伽勃底一阿波唎蜜哆二阿喻紇硯
娜三須毗你室指陀四囉佐耶五怛他羯他耶六怛姪他唵七薩婆桒塞迦囉八鉢唎輸底九達磨底
伽迦娜十一莎訶其持迦底十二薩婆婆毗輸底十三摩訶娜耶十四波唎婆唎莎訶十五 如是四
大海水可知滴數，是无量壽經典所生果報不可數量。陀羅尼曰：南謨薄伽勃底一阿波唎蜜
哆二阿喻紇硯娜三須毗你室指陀四囉佐耶五怛他羯他耶六怛姪他唵七薩婆桒塞迦囉八波唎輸底
達磨底十伽迦娜十一莎訶其持迦底十二薩婆婆毗輸底十三摩訶娜耶十四波唎婆唎莎訶十五
若有自書寫使人書寫是无量壽經典，又能讀持供養礼拜，如奉敬供養一切十方佛土如來无有
別異。陀羅尼曰：南謨薄伽勃底一阿波唎蜜哆二阿喻紇硯娜三須毗你室指陀四囉佐耶五怛
他羯他耶六怛姪他唵七薩婆桒塞迦囉八波唎輸底九達磨底十伽迦娜十一莎訶其持迦底
薩婆婆毗輸底十三摩訶娜耶十四波唎婆唎莎訶十五

布施力能成正覺　悟布施力人師子　布施力能聲普聞　慈悲階漸最能入
持戒力能成正覺　悟持戒力人師子　持戒力能聲普聞　慈悲階漸最能入
忍辱力能成正覺　悟忍辱力人師子　忍辱力能聲普聞　慈悲階漸最能入
精進力能成正覺　悟精進力人師子　精進力能聲普聞　慈悲階漸最能入
禪定力能成正覺　悟禪定力人師子　禪定力能聲普聞　慈悲階漸最能入

禪定力能成正覺　悟禪定力人師子　禪定力能聲普聞　慈悲階漸最能入
智慧力能成正覺　悟智慧力人師子　智慧力能聲普聞　慈悲階漸最能入
尒時如來說是經已一切世間天人阿脩羅揵闥等婆聞佛所說皆大歡喜
信受奉行

佛說无量壽宗要經

田廣談

尒時復有九十九殑佛一時同聲說是无量壽宗要經陀羅尼曰
南謨薄伽勃底一　阿波唎蜜多
阿喻紇硯那三　須毗你尸栺多四　囉佐耶五　怛他揭他耶六　怛姪他唵七　薩婆桑悉迦囉八　波唎輸底九　達
磨底十　伽迦那十一　莎呵某持迦底十二　薩婆婆毗輸底十三　摩訶娜耶十四　波唎婆隸莎呵十五

尒時復有一百四殑佛一時同聲說是无量壽宗要經陀羅尼曰
南謨薄伽勃底一　阿波唎蜜多
阿喻紇硯那三　須毗你尸栺多四　囉佐耶五　怛他揭他耶六　怛姪他唵七　薩婆桑悉迦囉八　波唎輸底九　達
磨底十　伽迦那十一　莎呵某持迦底十二　薩婆婆毗輸底十三　摩訶娜耶十四　波唎婆隸莎呵十五

尒時復七殑佛等一時同聲說是无量壽宗要經陀羅尼曰
南謨薄伽勃底一阿

磨底十伽迦娜十一莎呵其持迦底十二薩婆娑毗輸底十三摩訶娜耶十四波唎婆鬀莎呵十五
尒時復七姟佛等一時同聲說是无量壽宗要經陀羅尼日　南謨薄伽勃底一阿波
唎蜜多二阿喻紇硯娜三須毗你尸指多四囉佐耶五怛他羯他耶六怛姪他唵七薩婆桑悉迦囉八波唎輸底九
達磨底十伽迦娜十一莎呵其持迦底十二薩婆娑毗輸底十三摩訶娜耶十四波唎婆鬀莎呵十五
尒時復有六十五姟佛一時同聲說是无量壽宗要經陀羅尼日　南謨薄伽勃底一阿波
唎蜜多二阿喻紇硯娜三須毗你尸指多四囉佐耶五怛他羯他耶六怛姪他唵七薩婆桑悉迦囉八波唎輸
底九達磨底十伽迦娜十一莎呵其持迦底十二薩婆娑毗輸底十三摩訶娜耶十四波唎婆鬀莎呵十五
尒時復有五十五姟佛一時同聲說是无量壽宗要經陀羅尼日　南謨薄伽勃底一阿波唎
蜜多二阿喻紇硯娜三須毗你尸指多四囉佐耶五怛他羯他耶六怛姪他唵七薩婆桑悉迦囉八波唎輸
底九達磨底十伽迦娜十一莎呵其持迦底十二薩婆娑毗輸底十三摩訶娜耶十四波唎婆鬀莎呵十五
尒時復有四十五姟佛一時同聲說是无量壽宗要經陀羅尼日　南謨薄伽勃底一阿波唎蜜多二
阿喻紇硯娜三須毗你尸指多四囉佐耶五怛他羯他耶六怛姪他唵七薩婆桑悉迦囉八波唎輸底九達磨
底十伽迦娜十一莎呵其持迦底十二薩婆娑毗輸底十三摩訶娜耶十四波唎婆鬀莎呵十五
尒時復有三十五姟佛一時同聲說是无量壽宗要經陀羅尼日　南謨薄伽勃底一阿波唎蜜
多二阿喻紇硯娜三須毗你尸指多四囉佐耶五怛他羯他耶六怛姪他唵七薩婆桑悉迦囉八波唎輸底九
達磨底十伽迦娜十一莎呵其持迦底十二薩婆娑毗輸底十三摩訶娜耶十四波唎婆鬀莎呵十五

達磨底十伽迦娜十一莎訶某持迦底十二薩婆婆毗輸底十三摩訶娜十四波唎婆羉莎訶十五

尒時復有二十五殑佛一時同聲說是无量宗要經陁羅尼曰　南謨薄伽勃底一阿波唎蜜多二阿喻紇硯娜三須毗你尸指多四囉佐耶五怛他羯他耶六怛姪他唵七薩婆桑塞迦囉八波唎輸底九達磨底十伽迦娜十一莎訶某持迦底十二薩婆婆毗輸底十三摩訶娜耶十四波唎婆羉莎訶十五

尒時復恒河沙殑佛一時同聲說是无量壽宗要經陁羅尼曰　南謨薄伽勃底一阿波唎蜜多二阿喻紇硯娜三須毗你尸指多四囉佐耶五怛他羯他耶六怛姪他唵七薩婆桑塞迦囉八波唎輸底九達磨底十伽迦娜十一莎訶某持迦底十二薩婆婆毗輸底十三摩訶娜耶十四波唎婆羉莎訶十五

善男子若有自書寫教人書寫是无量壽宗要經如其命盡復得長壽一所滿年陁羅尼曰

南謨薄伽勃底一阿波唎蜜多二阿喻紇硯娜三須毗你尸指多四囉佐耶五怛他羯他耶六怛姪他唵七薩婆桑塞迦囉八波唎輸底九達磨底十伽迦娜十一莎訶某持迦底十二薩婆婆毗輸底十三摩訶娜耶十四波唎婆羉莎訶十五

若有自書寫教人書寫是无量壽宗要經讀誦受持畢竟不墮地獄在在所生得宿命智陁羅尼曰　南謨薄伽勃底一阿波唎蜜多二阿喻紇硯娜三須毗你尸指多四囉佐耶五怛他羯他耶六怛姪他唵七薩婆桑塞迦囉八波唎輸底九達磨底十伽迦娜十一莎訶某持迦底十二薩婆婆毗輸底十三摩訶娜耶十四波唎婆羉莎訶十五

若有自書寫教人書寫是无量壽宗要經受持讀誦如同書寫八万四千一切經典陁羅尼曰　南謨薄伽勃底一阿波唎蜜多二阿喻紇硯娜三須毗你尸指多四囉佐耶五怛他羯他耶六怛姪他唵七薩婆桑塞迦囉八波唎輸底九達磨底十伽迦娜十一須毗你尸指多十二薩婆婆毗輸底十三摩訶娜耶十四波唎婆羉莎訶十五

迦娜三 須毗你尸指多十一 薩婆婆毗輸底十三 摩訶娜耶十四 波唎婆嚜莎呵十五
若有自書寫教人書寫是无量壽宗要經受持讀誦即是書寫八万四千部建立塔廟陀羅尼曰
南謨薄伽勃底一 阿波唎蜜多二 阿喻紇硯娜三 須毗你尸指多四 囉佐耶五 怛他羯他耶六 怛姪他唵七 薩
婆桒悉迦囉八 波唎輸底九 達磨底十 伽迦娜十一 莎呵其持迦底十二 薩婆婆毗輸底十三 摩訶娜耶十四
波唎婆嚜莎呵十五
若有自書寫教人書寫是无量壽宗要經能清五无間等一切重罪陀羅尼曰
南謨薄伽勃底一 阿波唎蜜多二 阿喻紇硯娜三 須毗你尸指多四 囉佐耶五 怛他羯他耶六 怛姪他唵七 薩婆
桒悉迦囉八 波唎輸底九 達磨底十 伽迦娜十一 莎呵其持迦底十二 薩婆婆毗輸底十三 摩訶娜耶十四
波唎婆嚜莎呵十五
若有自書寫教人書寫是无量壽宗要經受持讀誦設有重罪猶如須弥盡能除滅陀羅尼曰
南謨薄伽勃底一 阿波唎蜜多（阿喻紇硯娜） 須毗你尸指多四 囉佐耶五 怛他羯他耶六 怛姪他唵七 薩婆桒悉迦囉八 波唎
輸底九 達磨底十 伽迦娜十一 莎呵其持迦底十二 薩婆婆毗輸底十三 摩訶娜耶十四 波唎婆嚜莎呵十五
若有自書寫教人書寫是无量壽宗要經受持讀誦若魔魔之屬眷夜叉羅剎不得其便終无枉死陀羅尼曰
南謨薄伽勃底一 阿波唎蜜多二 阿喻紇硯娜三 須毗你尸指多四 囉佐耶五 怛他羯他耶六 怛姪他唵七
薩婆桒悉迦囉八 波唎輸底九 達磨底十 伽迦娜十一 莎呵其持迦底十二 薩婆婆毗輸底十三 摩訶娜耶十四
波唎婆嚜莎呵十五
若有自書寫教人書寫是无量壽宗要經受持讀誦當命終時有九十九殑佛現其人
前豪千佛授手能遊一切佛剎莫於此經生疑惑陀羅尼曰
南謨薄伽勃底一 阿波唎蜜多二 阿喻
紇硯娜三 須毗你尸指多四 囉佐耶五 怛他羯他耶六 怛姪他唵七 薩婆桒悉迦囉八 波唎輸底九 達磨底
伽迦娜三 須毗你尸指多四 囉佐耶五 怛他羯他耶六 怛姪他唵七 薩婆素悉迦囉八

伽迦娜三 頂毗你尸栺多四 囉佐㔦五 怛他鍻他㔦六 怛姪他唵七 薩婆桒悉迦囉八
伽迦娜十一 莎呵其持迦底十二 薩婆婆毗輸底十三 摩訶娜㔦十四 波唎婆鬑莎呵十五
若有自書寫教人書寫是无量壽宗要經受持讀誦常得四天大王隨衛護陁羅尼曰
南謨薄伽勃底一 阿波唎蜜多二 阿瑜紇硯娜三 頂毗你尸栺多四 囉佐㔦五 怛他鍻他㔦六 怛姪他唵七 薩婆
桒悉迦囉八 波唎輸底九 達磨底十 伽迦娜十一 莎呵其持迦底十二 薩婆婆毗輸底十三 摩訶娜㔦十四 波唎婆
鬑莎呵十五
若有自書寫教人書寫是无量壽宗要經受持讀誦當得往生西方極樂世界阿弥陁淨土
陁羅尼曰
南謨薄伽勃底一 阿波唎蜜多二 阿瑜紇硯娜三 頂毗你尸栺多四 囉佐㔦五 怛他鍻他㔦六
怛姪他唵七 薩婆桒悉迦囉八 波唎輸底九 達磨底十 伽迦娜十一 莎呵其持迦底十二 薩婆婆毗輸底十三
摩訶娜㔦十四 波唎婆鬑莎呵十五
若有方所自書寫教人書寫是无量壽宗要經典之處則為是
塔皆應恭敬作禮若是畜生或為鳥獸得聞是經如是等類皆當不久得成一切種智陁羅尼曰
南謨薄伽勃底一 阿波唎蜜多二 阿瑜紇硯娜三 頂毗你尸栺多四 囉佐㔦五 怛他鍻他㔦六 怛姪他唵七 薩婆
桒悉迦囉八 波唎輸底九 達磨底十 伽迦娜十一 莎呵其持迦底十二 薩婆婆毗輸底十三 摩訶娜㔦十四 波唎婆
鬑莎呵十五
若有於是无量壽經自書寫教人書畢竟不受女人之身陁羅尼曰
南謨薄伽勃底一 阿波唎蜜多二 阿瑜紇硯娜三 頂毗你尸栺多四 囉佐㔦五 怛他鍻他㔦六 怛姪他唵七 薩
婆桒悉迦囉八 波唎輸底九 達磨底十 伽迦娜十一 莎呵其持迦底十二 薩婆婆毗輸底十三 摩訶娜㔦十四
波唎婆鬑莎呵十五
若有能於是經少分能惠施者等於三千大千世界滿中七寶布施陁羅尼曰
南謨薄伽勃底一 阿波唎蜜多二 阿瑜紇硯娜三 頂毗你尸栺多四 囉佐㔦五 怛他鍻他㔦六 怛姪他唵七 薩

南謨薄伽勃底一阿波唎蜜多二阿喻紇硯娜三須毗你尸指多四囉佐耶五怛他羯他耶六怛姪他唵七薩
婆桑悉迦囉八波唎輸底九達磨底十伽迦娜十一莎呵其持迦底十二薩婆婆毗輸底十三摩訶娜耶
波唎婆嚟莎呵十五
若有能供養是經者則是供養一切諸經等无有異陁羅尼曰
南謨薄伽勃底一阿波唎蜜多二阿喻紇硯娜三須毗你尸指多四囉佐耶五怛他羯他耶六怛姪他唵七薩
婆桑悉迦囉八波唎輸底九達磨底十伽迦娜十一莎呵其持迦底十二薩婆婆毗輸底十三摩訶娜耶
波唎婆嚟莎呵十五
如是毗婆尸佛　尸弃佛　毗舍浮佛　俱留孫佛　俱那含牟尼佛　迦葉佛
釋迦牟尼佛
若有人以七寶供養如是七佛其福有限書寫受持是无量壽經典所生功德不可數量
陁羅尼曰
南謨薄伽勃底一阿波唎蜜多二阿喻紇硯娜三須毗你尸指多四囉佐耶五怛他羯他耶六
怛姪他唵七薩婆桑悉迦囉八波唎輸底九達磨底十伽迦娜十一莎呵其持迦底十二薩婆婆毗輸底十三摩訶娜耶十四
波唎婆嚟莎呵十五
若有七寶等於須弥以用布施其福上能知其限量是无量壽經典不可知數陁羅尼曰
南謨薄伽勃底一阿波唎蜜多二阿喻紇硯娜三須毗你尸指多四囉佐耶五怛他羯他耶六怛姪他唵七薩婆
桑悉迦囉八波唎輸底九達磨底十伽迦娜十一莎呵其持迦底十二薩婆婆毗輸底十三摩訶娜耶十四波唎婆
嚟莎呵十五
如是四大海水可知滴數是无量壽經典所生果報不可數量陁羅尼曰
南謨薄伽勃底一阿波唎蜜多二阿喻紇硯娜三須毗你尸指多四囉佐耶五怛他羯他耶六怛姪他唵七薩婆桑
悉迦囉八波唎輸底九達磨底十伽迦娜十一莎呵其持迦底十二薩婆婆毗輸底十三摩訶娜耶十四波唎婆
嚟莎呵十五
若有自書使人書寫是无量壽經典又能護持供養即是恭敬供養一切十方佛土如

𠼝莎訶十五

若有自書使人書寫是无量壽經典，又能護持供養，即是恭敬供養一切十方佛土如来无有別異。陁羅尼曰：

南謨薄伽勃底一 阿波唎蜜多二 阿喻紇硯娜三 須毗你尸指多四 囉佐耶五 怛他羯他耶六 怛姪他唵七 薩婆桑塞迦囉八 波唎輸底九 達磨底十 伽迦娜十一 莎訶其持迦底十二 薩婆婆毗輸底十三 摩訶娜耶十四 波唎婆𠼝莎訶十五

布施力能成正覺　悟布施力人師子　布施力能聲普聞　慈悲階漸最能入

持戒力能成正覺　悟持戒力人師子　持戒力能聲普聞　慈悲階漸最能入

忍辱力能成正覺　悟忍辱力人師子　忍辱力能聲普聞　慈悲階漸最能入

精進力能成正覺　悟忍辱力人師子　忍辱力能聲普聞　慈悲階漸最能入

禪定力能成正覺　悟禪定力人師子　禪定力能聲普聞　慈悲階漸最能入

智慧力能成正覺　悟智慧力人師子　智慧力能聲普聞　慈悲階漸最能入

尒時如来說是經已，一切世間天人阿脩羅揵闥婆等，聞佛所說，皆大歡喜，信受奉行。

佛說无量壽宗要經

BD00877 金剛般若波羅蜜經

（後秦）鳩摩羅什 譯

422.3cm × 25cm

提言甚多世尊何
是故如来説福徳多若復有人於此經中受
持乃至四句偈等為他人説其福勝彼何以
故須菩提一切諸佛及諸佛阿耨多羅三藐
三菩提法皆從此經出須菩提所謂佛法者
即非佛法
須菩提於意云何須陁洹能作是念我得須
陁洹果不須菩提言不也世尊何以故須陁
洹名為入流而无所入不入色聲香味觸法
是名須陁洹須菩提於意云何斯陁含能作
是念我得斯陁含果不須菩提言不也世尊
何以故斯陁含名一往来而實无往来是名
斯陁含須菩提於意云何阿那含能作是念
我得阿那含果不須菩提言不也世尊何以

故阿那含名為不來而實无來是故名阿那
含須菩提於意云何阿羅漢能作是念我得
阿羅漢道不須菩提言不也世尊何以故實
无有法名阿羅漢世尊若阿羅漢作是念我
得阿羅漢道即為著我人衆生壽者世尊佛
說我得无諍三昧人中最為第一是第一離
欲阿羅漢我不作是念我是離欲阿羅漢世
尊我若作是念我得阿羅漢道世尊則不說
須菩提是樂阿蘭那行者以須菩提實无所
行而名須菩提是樂阿蘭那行
佛告須菩提於意云何如來昔在然燈佛所
於法有所得不世尊如來在然燈佛所於法
實无所得須菩提於意云何菩薩莊嚴佛土
不不也世尊何以故莊嚴佛土者則非莊嚴

BD00877　金剛般若波羅蜜經

不不也世尊何以故莊嚴佛土者則非莊嚴
是名莊嚴是故須菩提諸菩薩摩訶薩應如
是生清淨心不應住色生心不應住聲香味
觸法生心應无所住而生其心須菩提譬如
有人身如須弥山王於意云何是身為大不
須菩提言甚大世尊何以故佛說非身是名
大身
須菩提如恒河中所有沙數如是沙等恒河
於意云何是諸恒河沙寧為多不須菩提言
甚多世尊但諸恒河尚多无數何況其沙須
菩提我今實言告汝若有善男子善女人以
七寶滿尔所恒河沙數三千大千世界以用
布施得福多不須菩提言甚多世尊佛告須

四句偈等為他人說而此福德勝前福德
次須菩提隨說是經乃至四句偈等當知此
處一切世間天人阿脩羅皆應供養如佛塔
廟何況有人盡能受持讀誦須菩提當知是
人成就最上第一希有之法若是經典所在
之處則為有佛若尊重弟子
尒時須菩提白佛言世尊當何名此經我等
云何奉持佛告須菩提是經名為金剛般若
波羅蜜以是名字汝當奉持所以者何須菩
提佛說般若波羅蜜則非般若波羅蜜須菩
提於意云何如來有所說法不須菩提白佛
言世尊如來无所說須菩提於意云何三千
大千世界所有微塵是為多不須菩提言甚
多世尊須菩提諸微塵如來說非微塵是名

多世尊須菩提諸微塵如来說非微塵是名
微塵如来說世界非世界是名世界須菩提
於意云何可以卅二相見如来不不也世尊
何以故如来說卅二相即是非相是名卅二
相須菩提若有善男子善女人以恒河沙等
身命布施若復有人於此經中乃至受持四
句偈等為他人說其福甚多
尒時須菩提聞說是經深解義趣涕淚悲泣
而白佛言希有世尊佛說如是甚深經典我
從昔来所得慧眼未曾得聞如是之經世尊
若復有人得聞是經信心清淨則生實相當
知是人成就第一希有功德世尊是實相者
則是非相是故如来說名實相世尊我今得
聞如是經典信解受持不足為難若當来世

後五百歲其有衆生得聞是經信解受持是
人則為第一希有何以故此人无我相人相
衆生相壽者相所以者何我相即是非相人
相衆生相壽者相即是非相何以故離一切
諸相則名諸佛佛告須菩提如是如是若復
有人得聞是經不驚不怖不畏當知是人甚
為希有何以故須菩提如來說第一波羅蜜
非第一波羅蜜是名第一波羅蜜
須菩提忍辱波羅蜜如來說非忍辱波羅蜜
何以故須菩提如我昔為歌利王割截身體
我於尒時无我相无人相无衆生相无壽者
相何以故我於往昔節節支解時若有我相
人相衆生相壽者相應生瞋恨須菩提又念
過去於五百世作忍辱仙人於尒所世无我
相无人相无衆生相无壽者相是故須菩提

相无人相无衆生相无壽者相是故須菩提
菩薩應離一切相發阿耨多羅三藐三菩提
心不應住色生心不應住聲香味觸法生心
應生无所住心若心有住則為非住是故佛
說菩薩心不應住色布施須菩提菩薩為利
益一切衆生應如是布施如來說一切諸相
即是非相又說一切衆生則非衆生須菩提
如來是真語者實語者如語者不誑語者不
異語者須菩提如來所得法此法无實无虛
須菩提若菩薩心住於法而行布施如人入
闇則无所見若菩薩心不住法而行布施如
人有目日光明照見種種色須菩提當來之
世若有善男子善女人能於此經受持讀誦
則為如來以佛智慧悉知是人悉見是人皆

得成就无量无邊功德
須菩提若有善男子善女人初日分以恒河
沙等身布施中日分復以恒河沙等身布施
後日分亦以恒河沙等身布施如是无量百
千万億劫以身布施若復有人聞此經典信
心不逆其福勝彼何况書寫受持讀誦為人
解說須菩提以要言之是經有不可思議不
可稱量无邊功德如来為發大乘者說為發
㝡上乘者說若有人能受持讀誦廣為人說
如来悉知是人悉見是人皆成就不可量不
可稱无有邊不可思議功德如是人等則為
荷擔如来阿耨多羅三藐三菩提何以故須
菩提若樂小法者著我見人見衆生見壽者
見則於此經不能聽受讀誦為人解說須菩
提在在處處若有此經一切世間天人阿脩

BD00877　金剛般若波羅蜜經

見則於此經不能聽受讀誦為人解說須菩
提在在處處若有此經一切世間天人阿脩
羅所應供養當知此處則為是塔皆應恭敬
作禮圍繞以諸華香而散其處
復次須菩提善男子善女人受持讀誦此經
若為人輕賤是人先世罪業應墮惡道以今
世人輕賤故先世罪業則為消滅當得阿耨
多羅三藐三菩提須菩提我念過去无量阿
僧祇劫於然燈佛前得值八百四千万億那
由他諸佛悉皆供養承事无空過者若復有
人於後末世能受持讀誦此經所得功德於
我所供養諸佛功德百分不及一千万億分
乃至算數譬喻所不能及須菩提若善男子
善女人於後末世有受持讀誦此經所得功

德我若具說者或有人聞心則狂亂狐疑
信須菩提當知是經義不可思議果報亦不
可思議
尒時須菩提白佛言世尊善男子善女人發
阿耨多羅三藐三菩提心云何應住云何降
伏其心佛告須菩提善男子善女人發阿耨
多羅三藐三菩提者當生如是心我應滅度
一切衆生滅度一切衆生已而无有一衆生
實滅度者何以故若菩薩有我相人相衆生
相壽者相則非菩薩所以者何須菩提實无
有法發阿耨多羅三藐三菩提者須菩提於
意云何如來於然燈佛所有法得阿耨多羅
三藐三菩提不不也世尊如我解佛所說義
佛於然燈佛所无有法得阿耨多羅三藐三
菩提佛言如是如是須菩提實无有法如來

菩提佛言如是如是須菩提實无有法如来
得阿耨多羅三藐三菩提須菩提若有法如
来得阿耨多羅三藐三菩提者然燈佛則不
與我受記汝於来世當得作佛号釋迦牟尼
以實无有法得阿耨多羅三藐三菩提是故
然燈佛與我受記作是言汝於来世當得作
佛号釋迦牟尼何以故如来者即諸法如義
若有人言如来得阿耨多羅三藐三菩提須
菩提實无有法佛得阿耨多羅三藐三菩提
須菩提如来所得阿耨多羅三藐三菩提於
是中无實无虚是故如来説一切法皆是佛
法須菩提所言一切法者即非一切法是故
名一切法須菩提譬如人身長大須菩提言
世尊如来説人身長大則爲非大身是名大

身須菩提菩薩亦如是若作是言我當滅度
无量衆生則不名菩薩何以故須菩提實无
有法名爲菩薩是故佛說一切法无我无人
无衆生无壽者須菩提若菩薩作是言我當
莊嚴佛土是不名菩薩何以故如來說莊嚴
佛土者即非莊嚴是名莊嚴須菩提若菩薩
通達无我法者如來說名真是菩薩
須菩提於意云何如來有肉眼不如是世尊
如來有肉眼須菩提於意云何如來有天眼
不如是世尊如來有天眼須菩提於意云何
如來有慧眼不如是世尊如來有慧眼須菩
提於意云何如來有法眼不如是世尊如來
有法眼須菩提於意云何如來有佛眼不如
是世尊如來有佛眼須菩提於意云何恒河
中所有沙佛說是沙不如是世尊如來說是

中所有沙佛說是沙不如是世尊如來說是
沙須菩提於意云何如一恒河中所有沙有
如是等恒河是諸恒河所有沙數佛世界如
是寧為多不甚多世尊佛告須菩提尒所國
土中所有衆生若干種心如來悉知何以故
如來說諸心皆為非心是名為心所以者何
須菩提過去心不可得現在心不可得未來
心不可得須菩提於意云何若有人滿三千
大千世界七寶以用布施是人以是因緣得
福多不如是世尊此人以是因緣得福甚多
須菩提若福德有實如來不說得福德多以
福德无故如來說得福德多
須菩提於意云何佛可以具足色身見不不
也世尊如來不應以具足色身見何以故如

來說具足色身即非具足色身是名具足色
身須菩提於意云何如來可以具足諸相見
不不也世尊如來不應以具足諸相見何以
故如來說諸相具足即非具足是名諸相具
足須菩提汝勿謂如來作是念我當有所說
法莫作是念何以故若人言如來有所說法
即為謗佛不能解我所說故須菩提說法者
无法可說是名說法須菩提白佛言世尊佛
得阿耨多羅三藐三菩提為无所得耶如是
如是須菩提我於阿耨多羅三藐三菩提乃
至无有少法可得是名阿耨多羅三藐三菩
提復次須菩提是法平等无有高下是名阿
耨多羅三藐三菩提以无我无人无衆生无
壽者脩一切善法則得阿耨多羅三藐三菩
提須菩提所言善法者如來說非善法是名

提須菩提所言善法者如來說非善法是名
善法須菩提若三千大千世界中所有諸須
彌山王如是等七寶聚有人持用布施若人
以此般若波羅蜜經乃至四句偈等受持為
他人說於前福德百分不及一百千万億分
乃至筭數譬喻所不能及
須菩提於意云何汝等勿謂如來作是念我
當度眾生須菩提莫作是念何以故實无有
眾生如來度者若有眾生如來度者如來則
有我人眾生壽者須菩提如來說有我者則
非有我而凡夫之人以為有我須菩提凡夫
者如來說則非凡夫須菩提於意云何可以
卅二相觀如來不須菩提言如是如是以卅
二相觀如來佛言須菩提若以卅二相觀如

者轉輪聖王即是如來須菩提白佛言世
尊如我解佛所說義不應以卅二相觀如來
尒時世尊而說偈言
若以色見我　以音聲求我　是人行邪道　不能見如來
須菩提汝若作是念如來不以具足相故得
阿耨多羅三藐三菩提須菩提莫作是念如
來不以具足相故得阿耨多羅三藐三菩提
須菩提汝若作是念發阿耨多羅三藐三菩
提者說諸法斷滅相莫作是念何以故發阿
耨多羅三藐三菩提者於法不說斷滅相須
菩提若菩薩以滿恒河沙等世界七寶布施
若復有人知一切法无我得成於忍此菩薩
勝前菩薩所得功德須菩提以諸菩薩不受
福德故須菩提白佛言世尊云何菩薩不受
福德須菩提菩薩所作福德不應貪著是故

BD00877　金剛般若波羅蜜經

福德須菩提菩薩所作福德不應貪著是故
說不受福德須菩提若有人言如来若来若
去若坐若卧是人不解我所說義何以故如
来者无所從来亦无所去故名如来
須菩提若善男子善女人以三千大千世界
碎為微塵於意云何是微塵衆寧為多不甚
多世尊何以故若是微塵衆實有者佛則不
說是微塵衆所以者何佛說微塵衆則非微
塵衆是名微塵衆世尊如来所說三千大千
世界則非世界是名世界何以故若世界實
有者則是一合相如来說一合相則非一合
相是名一合相須菩提一合相者則是不可
說但凡夫之人貪著其事須菩提若人言佛
說我見人見衆生見壽者見須菩提於意云

何是人解我所說義不世尊是人不解如來
所說義何以故世尊說我見人見衆生見壽
者見即非我見人見衆生見壽者見是名我
見人見衆生見壽者見須菩提發阿耨多羅
三藐三菩提心者於一切法應如是知如是
見如是信解不生法相須菩提所言法相者
如來說即非法相是名法相須菩提若有人
以滿无量阿僧祇世界七寶持用布施若有
善男子善女人發菩薩心者持於此經乃至
四句偈等受持讀誦為人演說其福勝彼云
何為人演說不取於相如如不動何以故
一切有為法　如夢幻泡影　如露亦如電　應作如是觀
佛說是經已長老須菩提及諸比丘比丘尼
優婆塞優婆夷一切世間天人阿脩羅聞佛
所說皆大歡喜信受奉行

佛説[illegible]
優婆塞優婆夷一切世間天人阿脩羅聞佛
所説皆大歡喜信受奉行

金剛般若波羅蜜經

BD00878 金剛般若波羅蜜經

（後秦）鳩摩羅什 譯

BD00878v 騎縫字

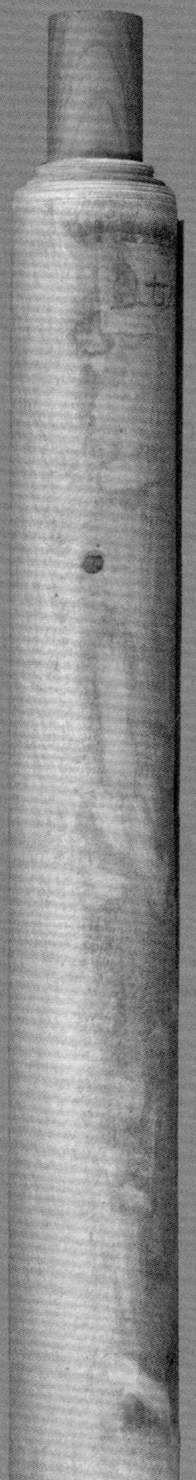

303.6cm × 27cm

尊須菩提菩薩无住相布施福德亦復如
是不可思量須菩提菩薩但應如所教住須
菩提於意云何可以身相見如来不不也世
尊不可以身相得見如来何以[illegible]説
身相即非身相佛告須[illegible]相皆
是虛妄若見諸相非相則見如来
須菩提白佛言世尊頗有衆生得聞如是言
説章句生實信不佛告須菩提莫作是説如
来滅後後五百歲有持戒脩福者於此章句
能生信心以此為實當知人不於一佛二佛三
四五佛而種善根已於无量千万佛所種諸善
根聞是章句乃至一念生淨信者須菩提如
来悉知悉見是諸衆生得如是无量福德

何以故是諸衆生无復我相人相衆生相壽
者相无法相亦无非法相何以故是諸衆生
若心取相則為著我人衆生壽者若取法
相即著我人衆生壽者何以故若取非法相
即著我人衆生壽者是故不應取法不應取
非法以是義故如來常說汝等比丘知我說
法如筏喻者法尚應捨何況非法
須菩提於意云何如來得阿耨多羅三藐三
菩提耶如來有所說法耶須菩提言如我解
佛所說義无有定法名阿耨多羅三藐三菩
提亦无有定法如來可說何以故如來所說
法皆不可取不可說非法非非法所以者何一切
賢聖皆以无為法而有差別
須菩提於意云何若人滿三千大千世界七寶

須菩提於意云何若人滿三千大千世界七寶
以用布施是人所得福德寧為多不須菩提
言甚多世尊何以故是福德即非福德性
是故如來說福德多若復有人於此經中受
持乃至四句偈等為他人說其福勝彼何以
故須菩提一切諸佛及諸佛阿耨多羅三藐
三菩提法皆從此經出須菩提所謂佛法者
即非佛法
須菩提於意云何須陁洹能作是念我得須
陁洹果不須菩提言不也世尊何以故須陁
洹名為入流而无所入不入色聲香味觸法是
名須陁洹須菩提於意云何斯陁含能作是
念我得斯陁含果不須菩提言不也世尊何

以故斯陀含名一往來而實无往來是名斯
陀含須菩提於意云何阿那含能作是念
我得阿那含果不須菩提言不也世尊何以
故阿那含名為不來而實无來是故名阿那
含須菩提於意云何阿羅漢能作是念我得
阿羅漢道不須菩提言不也世尊何以故實
无有法名阿羅漢世尊若阿羅漢作是念我
得阿羅漢道即為著我人衆生壽者世尊
佛說我得无諍三昧人中最為第一是第一離
欲阿羅漢我不作是念我是離欲阿羅漢世
尊我若作是念我得阿羅漢道世尊則不說
須菩提是樂阿蘭那行者以須菩提實无所
行而名須菩提是樂阿蘭那行
佛告須菩提於意云何如來昔在然燈佛所

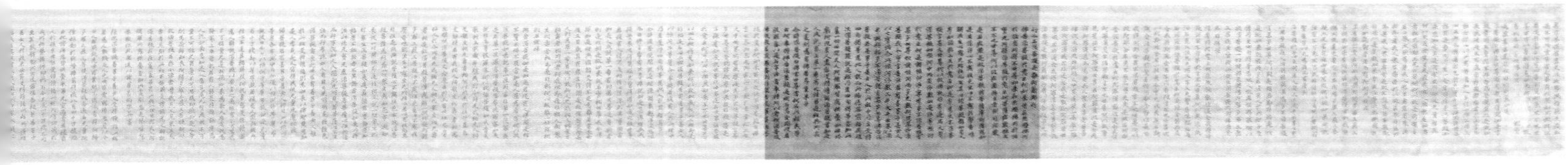

行而名須菩提是樂阿蘭那行
佛告須菩提於意云何如来昔在然燈佛所
於法有所得不世尊如来在然燈佛所於法
實无所得須菩提於意云何菩薩莊嚴佛土
不不也世尊何以故莊嚴佛土者則非莊嚴
是名莊嚴是故須菩提諸菩薩摩訶薩應如
是生清淨心不應住色生心不應住聲香味
觸法生心應无所住而生其心須菩提譬如有人
身如須弥山王於意云何是身為大不須菩
提言甚大世尊何以故佛說非身是名大身
須菩提如恒河中所有沙數如是沙等恒河
於意云何是諸恒河沙寧為多不須菩提言
甚多世尊但諸恒河尚多无數何况其沙須

菩提我今實言告汝若有善男子善女人
以七寶滿尒所恒河沙數三千大千世界以用
布施得福多不須菩提言甚多世尊佛告須
菩提若善男子善女人於此經中乃至受持
四句偈等為他人說而此福德勝前福德復
次須菩提隨說是經乃至四句偈等當知此
處一切世間天人阿脩羅皆應供養如佛塔
廟何況有人盡能受持讀誦須菩提當知是
人成就最上第一希有之法若是經典所在
之處則為有佛若尊重弟子
尒時須菩提白佛言世尊當何名此經我等
云何奉持佛告須菩提是經名為金剛般若
波羅蜜以是名字汝當奉持所以者何須菩提
佛說般若波羅蜜則非般若波羅蜜須菩

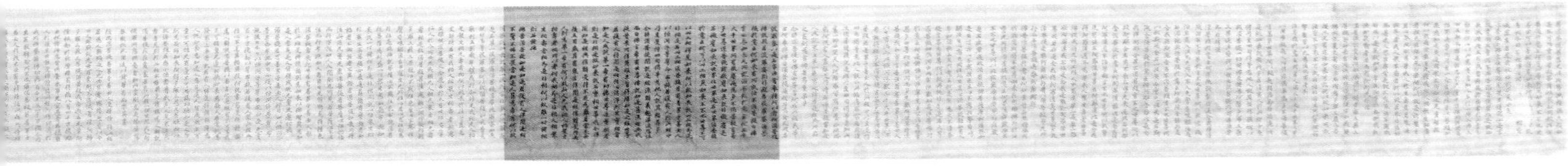

波羅蜜以是名字汝當奉持所以者何須菩提
佛說般若波羅蜜則非般若波羅蜜須菩
提於意云何如來有所說法不須菩提白佛
言世尊如來无所說須菩提於意云何三千
大千世界所有微塵是為多不須菩提言甚
多世尊須菩提諸微塵如來說非微塵是
名微塵如來說世界非世界是名世界須菩提
於意云何可以卅二相見如來不不也世尊不可
以卅二相得見如來何以故如來說卅二相即是
非相是名卅二相須菩提若有善男子善女人
以恒河沙等身命布施若復有人於此經中
乃至受持四句偈等為他人說其福甚多
尒時須菩提聞說是經深解義趣涕淚悲泣

而白佛言希有世尊佛說如是甚深經典我
從昔来所得慧眼未曾得聞如是之經世尊
若復有人得聞是經信心清淨則生實相當
知是人成就第一希有功德世尊是實相者
則是非相是故如来說名實相世尊我今得
聞如是經典信解受持不足為難若當来世
後五百歲其有衆生得聞是經信解受持是
人則為第一希有何以故此人无我相人相衆生
相壽者相所以者何我相即是非相人相衆
生相壽者相即是非相何以故離一切諸相
則名諸佛
佛告須菩提如是如是若復有人得聞是經
不驚不怖不畏當知是人甚為希有何以故

佛告須菩提如是如是若復有人得聞是經
不驚不怖不畏當知是人甚為希有何以故
須菩提如来説第一波羅蜜非第一波羅蜜
是名第一波羅蜜須菩提忍辱波羅蜜如来
説非忍辱波羅蜜何以故須菩提如我昔為
歌利王割截身體我於尒時无我相无人相
无衆生相无壽者相何以故我於往昔節節
支解時若有我相人相衆生相壽者相應
生瞋恨須菩提又念過去於五百世作忍辱
仙人於尒所世无我相无人相无衆生相无壽
者相是故須菩提菩薩應離一相切發阿耨
多羅三藐三菩提心不應住色生心不應住
聲香味觸法生心應生无所住心若心有住則為
非住是故佛説菩薩心不應住色布施須菩

提菩薩為利益一切衆生應如是布施如
来說一切諸相即是非相又說一切衆生則
非衆生須菩提如来是真語者實語者如
語者不誑語者不異語者須菩提如来所得
法此法无實无虛須菩提若菩薩心住於法
而行布施如人入闇則无所見若菩薩心不住
法而行布施如人有目日光明照見種種色
須菩提當来之世若有善男子善女人能
於此經受持讀誦則為如来以佛智慧悉知
是人悉見是人皆得成就无量无邊功德
須菩提若有善男子善女人初日分以恒河沙
等身布施中日分復以恒河沙等身布
施後日分亦以恒河沙等身布施如是无量
百千万億劫以身布施若復有人聞此經典

百千万億劫以身布施若復有人聞此經典
信心不逆其福勝彼何況書寫受持讀誦
為人解説須菩提以要言之是經有不可思議
不可稱量无邊功德如来為發大乘者説為
發最上乘者説若有人能受持讀誦廣為
人説如来悉知是人悉見是人皆成就不可
量不可稱无有邊不可思議功德如是人等
則為荷擔如来阿耨多羅三藐三菩提何以
故須菩提若樂小法者著我見人見衆生見
壽者見則於此經不能聽受讀誦為人解説
須菩提在在處處若有此經一切世間天人阿
脩羅所應供養當知此處則為是塔皆應
恭敬作礼圍遶以諸華香而散其處

復次須菩提善男子善女人受持讀誦此經
若為人輕賤是人先世罪業應墮惡道以今
世人輕賤故先世罪業則為消滅當得阿耨
多羅三藐三菩提須菩提我念過去无量阿
僧祇劫於然燈佛前得值八百四千万億那
由他諸佛悉皆供養承事无空過者若復有
人於後末世能受持讀誦此經所得功德於
我所供養諸佛功德百分不及一千万億分乃
至筭數譬喻所不及須菩提若善男子
善女人於後末世有受持讀誦此經所得功
德我若具說者或有人聞心則狂亂狐疑不
信須菩提當知是經義不可思議果報亦不
可思議

信須菩提當知是經義不可思議果報亦不
可思議
尒時須菩提白佛言世尊善男子善女人發
阿耨多羅三藐三菩提心云何應住云何降
伏其心佛告須菩提善男子善女人發阿耨
多羅三藐三菩提者當生如是心我應滅度
一切衆生滅度一切衆生已而无有一衆生
實滅度者何以故若菩薩有我相人相衆生
相壽者相則非菩薩所以者何須菩提實无
有法發阿耨多羅三藐三菩提者
須菩提於意云何如來於然燈佛所有法得
阿耨多羅三藐三菩提不不也世尊如我解
佛所說義佛於然燈佛所无有法得阿耨多
羅三藐三菩提佛言如是如是須菩提實无

有法如來得阿耨多羅三藐三菩提須菩提

若有法如來得阿耨多羅三藐三菩提者然

燈佛則不與我受記汝於來世當得作佛號釋

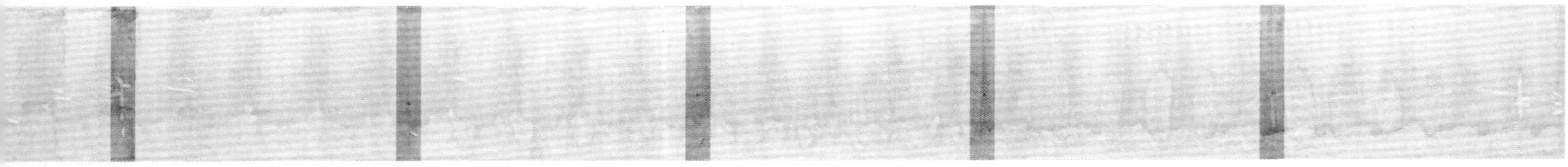

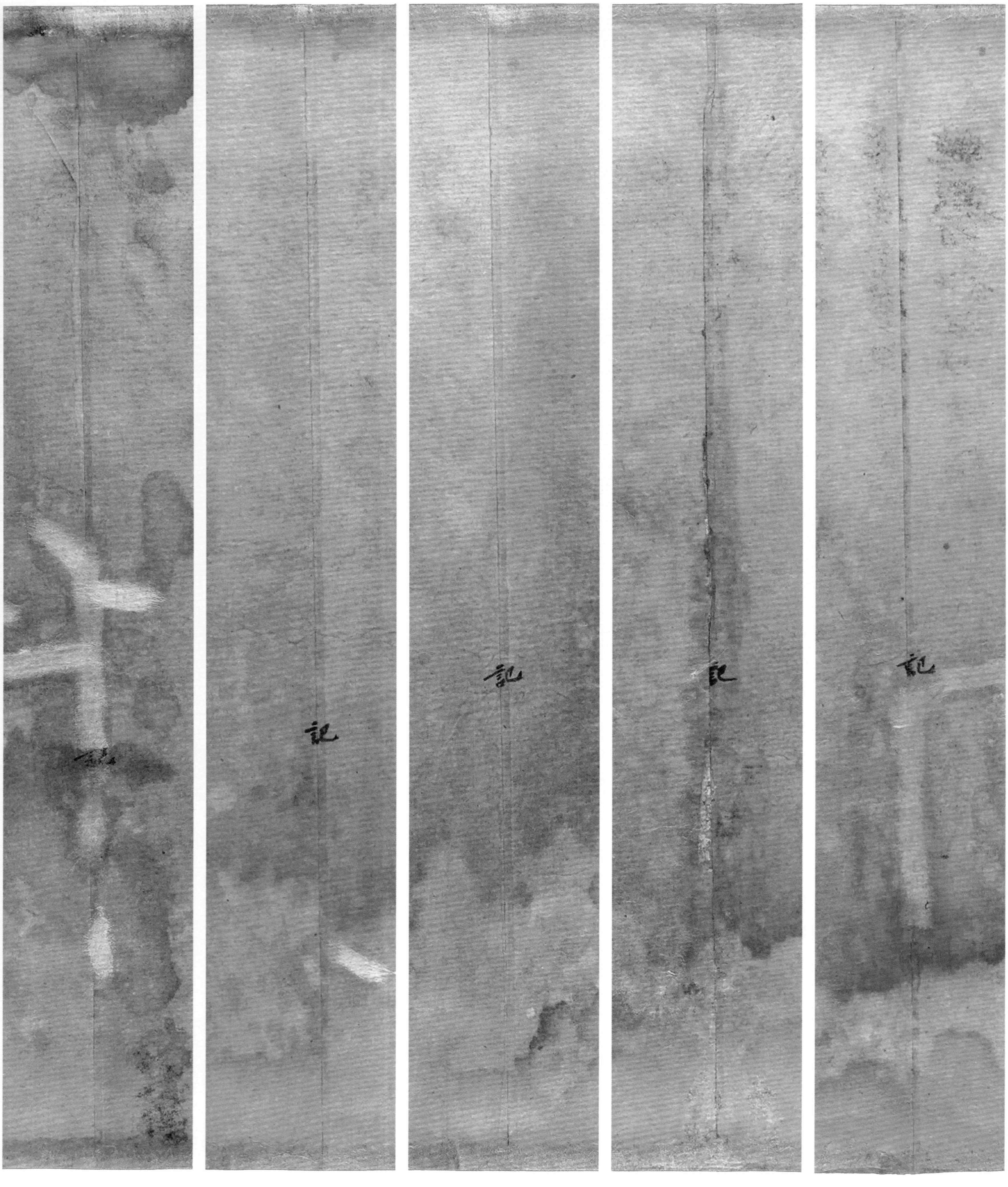

BD00878v　騎縫字

BD00879 大般涅槃經卷二四

（北凉）曇無讖 譯

BD00879v-1 藏文雜寫

BD00879v-2 波逸提懺悔法

623.1cm × 26.5cm

根深難可傾拔所言根者名不放逸不
放逸者為是何根所謂阿耨多羅三藐三菩
提根善男子一切諸佛諸善根本皆不放逸
不放逸故諸餘善根轉轉增長以能增長諸
善根故於諸善中最為殊勝善男子如諸跡
中鳥跡為上不放逸法亦復如是於諸善法
最為殊勝善男子如諸明中日光為最不放
逸法亦復如是於諸善法最為殊勝善男子
如諸王中轉輪聖為最第一不放逸法亦復
如是於諸善法最為第一善男子如諸流中
四河為最不放逸法亦復如是於諸善法為
最為上善男子如諸山中須弥山王為最第

一不放逸法亦復如是於諸善法為最第一
善男子如水生華中青蓮華為最不放逸法
亦復如是於諸善法為最為上善男子如陸
生華中婆利師華為最為上不放逸法亦復
如是於諸善法為最為上善男子如諸獸中
師子為最不放逸法亦復如是於諸善法為
最為上善男子如飛鳥中金翅鳥王為最為
上不放逸法亦復如是於諸善法為最為上
善男子如大身中羅睺阿脩羅王為上不放
逸法亦復如是於諸善法為最為上善男子
如一切衆生若二足四足多足无足中如来
為最不放逸法亦復如是於善法中為最為
上善男子如諸衆中佛僧為上不放逸法亦

上善男子如諸衆中佛僧為上不放逸法亦
復如是於善法中為最為上善男子如佛法
中大涅槃法為最為上不放逸法亦復如是
於諸善法為最為上善男子以是義故不放
逸根深固難拔云何不放逸故而得增長所
謂信根戒根施根慧根忍根聞根進根念根
定根善知識根如是諸根不放逸故而得增
長以增長故深固難拔以是義故名為菩薩
摩訶薩脩大涅槃根深難拔云何於身作決
定想於自身所生決定心我今此身於未來
世定當為阿耨多羅三藐三菩提器心亦如
是不作俠小不作變易不作聲聞辟支佛心
不作魔心及自樂心樂生死心常為衆生求

慈悲心是名菩薩於自身中生決定心我於
未世當為阿耨多羅三藐提三菩提器以是
義故菩薩摩訶薩脩大涅槃於自身中生決定
想云何菩薩不觀福田及非福田云何福田
外道持戒上至諸佛是名福田若有念言如
是等輩是真福田當知是心則為俠劣菩薩
摩訶薩悉觀一切无量衆生无非福田何以
故以善脩集異念處故有異念處善脩集者
觀諸衆生无有持戒及以毀戒常觀諸佛世尊
所說施雖四種俱得淨報何等為四一者施
主清淨受者不淨二者施主不淨受者清
淨三者施受俱淨四者二俱不淨云何施者
淨受者不淨施主具有戒聞智慧智有惠施

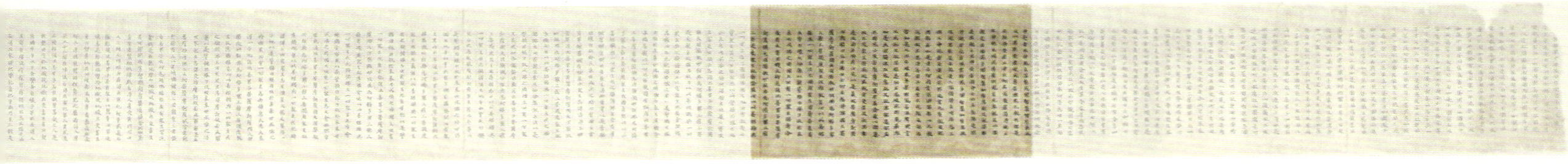

淨受者不淨施主具有戒聞智慧智有惠施
及以果報受者破戒專著耶見无施无報是
名施淨受者不淨云何名為受者清淨施主
不淨施主破戒專著耶見言无惠施及以果
報受者持戒多聞智慧知有惠施及施果報
是名施主不淨受者清淨云何名為施受俱
淨施者受者俱有持戒多聞智慧知有惠施
及施果報是名施受二俱清淨云何名為二
俱不淨施者受者破戒耶見言无有施及施
果報若如是者云何復言得淨果報以无施
无報故名為淨善男子若有不見施及施報
當知是人不名破戒專著耶見若依聲聞言
不見施及施果報是則名為破戒耶見若依

如是大涅槃經不見惠施及施果報是則名
為持戒正見菩薩摩訶薩有異念處以脩集
故不見衆生持戒破戒施者受者及施果報
是故得名持戒正見以是義故菩薩摩訶薩
不觀福田及非福田云何名為淨佛國土菩
薩摩訶薩脩大涅槃微妙經典為阿耨多羅
三藐三菩提度衆生故離煞害心以此善根
願與一切衆生共之願諸衆生得壽命長有
大勢力獲大神通以諸誓願因緣力故於未
来世成佛之時國土所有一切衆生得壽命
長有大勢力獲大神通復次善男子菩薩摩
訶薩脩大涅槃微妙經典為阿耨多羅三藐
三菩提度衆生故離偷盜心以此善根願與

三菩提度衆生故離偷盜心以此善根願與
一切衆生共之願諸佛國土地所有純是七
寶衆生富足所欲自恣以此誓願因緣力故
於未來世成佛之時所得國土純是七寶衆
生富足所欲自恣復次善男子菩薩摩訶薩
脩大涅槃微妙經典爲阿耨多羅三藐三菩
提度衆生故離淫欲心以此善根願與一切
衆生共之願諸佛土所有衆生无有貪欲瞋
恚癡心亦无飢渴苦惱之者以是誓願因緣
力故於未來世成佛之時國土衆生遠離貪
淫瞋恚癡心一切无有飢渴苦惱復次善男
子菩薩摩訶薩脩大涅槃微妙經典爲阿耨
多羅三藐三菩提度衆生故離妄語心以此

善根願與一切衆生共之願諸佛土常有華
樹菓樹香樹所有衆生得妙音聲以是誓願
因緣力故於未來世成佛之時所有國土常
有華樹菓樹香樹其中衆生悉得清淨上妙
音聲復次善男子菩薩摩訶薩循大涅槃微
妙經典為阿耨多羅三藐三菩提度衆生故
遠離兩舌以此善根願與一切衆生共之願
諸佛土所有衆生常共和合講說正法以是
誓願因緣力故成佛之時國土所有一切衆
生悉共和合講論法要復次善男子菩薩摩
訶薩循大涅槃微妙經典為阿耨多羅三藐
三菩提度衆生故遠離惡口以此善根願與
一切衆生共之願諸佛土地平如掌无沙礫

一切衆生共之願諸佛土地平如掌无沙礫
瓦石之屬荊棘惡刺所有衆生其心平等以
是誓願因緣力故於未來世成佛之時所得
國土地平如掌无有沙礫荊棘惡刺所有衆
生其心平等復次善男子菩薩摩訶薩脩大
涅槃微妙經典為阿耨多羅三藐三菩提度
衆生故離无義語以此善根願與一切衆生
共之願諸佛土所有衆生无有苦惱以是誓
願因緣力故於未來世成佛之時國土所有
一切衆生无有苦惱復次善男子菩薩摩訶
薩脩大涅槃微妙經典為阿耨多羅三藐三
藐菩提度衆生故遠離貪嫉以此善根願與
一切衆生共之願諸佛土一切衆生无有貪

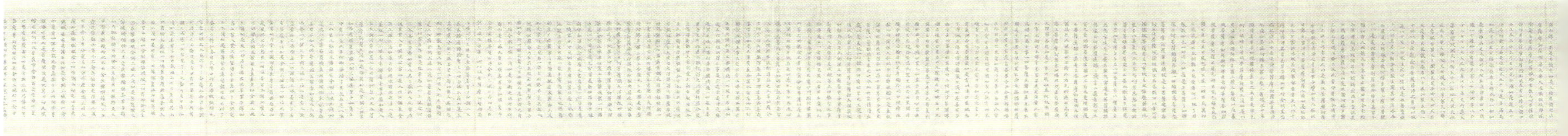

婬惱害耶見以是誓願因緣力故於未來世
成佛之時國土所有一切衆生悉无貪婬惱害
耶見復次善男子菩薩摩訶薩脩大涅槃微
妙經典爲阿耨多羅三藐三菩提度衆生故
遠離惱害以此善根願與一切衆生共之願
諸佛土所有衆生悉共脩集大慈大悲得一
子地以是誓願因緣力故於未來世成佛之
時世界所有一切衆生悉共脩集大慈大悲
淂一子地復次善男子菩薩摩訶薩脩大涅
槃微妙經典爲阿耨多羅三藐三菩提度衆
生故遠離耶見以此善根願與一切衆生共
之願諸佛土所有衆生悉淂摩訶般若波羅
蜜以是誓願因緣力故於未來世成佛之時

蜜以是誓願因緣力故於未來世成佛之時
世界衆生悉得受持摩訶般若波羅蜜是名
菩薩脩淨佛土云何菩薩摩訶薩斷除有餘
有餘有三一者煩惱餘二者餘業三者餘
有善男子云何爲煩惱餘報若有衆生習近
貪欲是報熟故墮於地獄從地獄出受畜生
身所謂鴿雀鴛鴦鸚鵡耆婆耆婆舍利伽鳥
青雀魚鼈獼猴獐鹿若得人身受黄門形女
人二根无根婬女若得出家犯初重戒是名
餘報復次善男子若有衆生以慇重心習近
瞋恚是報熟故墮於地獄從地獄出受畜生
身所謂毒蛇具四種毒見毒嚙毒螫毒齧毒
師子虎狼熊羆猫狸鷹鷂之屬若得人身

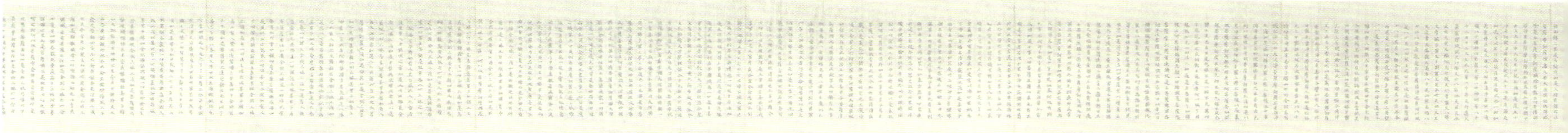

具五十二諸惡律儀若復出家犯第二重戒是
名餘報復次善男子若有修習愚癡之人是
報熟時墮於地獄從地獄出受畜生身所謂
象猪牛羊水牛蚤蝨蚊虻蟻子等形若得人
身聾盲瘖瘂癃殘背僂諸根不具不能受法
若得出家諸根闇鈍喜犯重戒乃至五錢是
名餘報復次善男子若有修習憍慢之人是
報熟時墮於地獄從地獄出受畜生身所謂
糞虫駝驢犬馬若生人中受奴婢身貧窮乞
匃或得出家常為衆生之所輕賤破第四戒
是名餘報如是等煩惱餘報如是餘報菩薩
摩訶薩以能修集大涅槃故悉得除滅云何
餘業謂一切凡夫業一切聲聞業須陀洹人

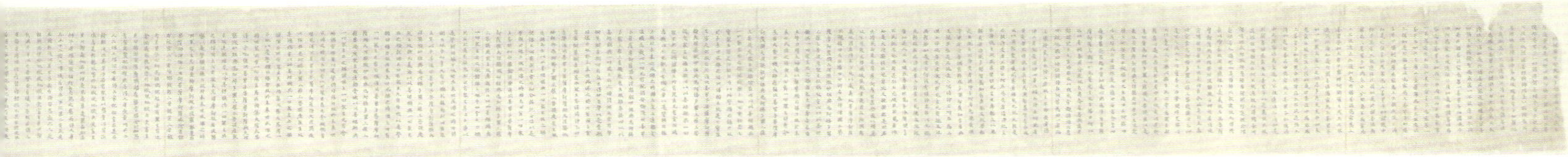

餘業謂一切凡夫業一切聲聞業須陁洹人
受七有業斯陁含人受二有業阿那含人受
色有業名爲餘業如是餘業菩薩摩訶薩以
能循集大涅槃故悉得除滅云何餘有阿羅
漢得阿羅漢果辟支佛得辟支佛果无業无
結而轉二果是名餘有如是三種有餘之法
菩薩摩訶薩循集大乘大涅槃經故得滅
除是名菩薩摩訶薩滅除有餘云何菩薩循
清淨身菩薩摩訶薩循不殺戒有五種心謂下
中上上上中上乃至正見亦復如是是五十
心名初發心具足决定成五十心是名滿足
如是百心名百福德具足百福成於一相如
是展轉具足成就卅二相名清淨身所以復

脩八十種好世有衆生事八十神何等八十
十二日十二大天五大星北斗馬天行道天
婆羅墮跋闍天功德天廿八宿地天風天水
天火天梵天樓陀天因提天拘摩羅天八臂
天摩醯首羅天半闍羅天鬼子母天四天王
天造書天婆藪天是名八十為此衆生猶八
十好以自莊嚴是名菩薩清淨之身何以故
是八十天一切衆生之所信伏是故菩薩猶
十八好其身不動令彼衆生隨其所信各各
而見見已增敬各發阿耨多羅三藐三菩提
心以是義故菩薩摩訶薩猶於淨身善男子
譬如有人欲請大王要當莊嚴所有舍宅極
令清淨辦具種種百味飲饍然後王當就其

令清淨辦具種種百味餚饍然後王當就其
所請菩薩摩訶薩亦復如是欲請阿耨多羅
三藐三菩提法輪王故先當脩身極令清淨
无上法王乃當處之以是義故菩薩摩訶薩
要當脩於清淨之身善男子譬如有人欲服
甘露先當淨身菩薩摩訶薩亦復如是欲服
无上甘露法味般若波羅蜜要當先以八十
種好清淨其身善男子譬如妙好金銀盂器
盛之淨水中表俱淨菩薩摩訶薩其身清淨
亦復如是盛阿耨多羅三藐三菩提水中表
俱淨善男子如波羅㮈素白之衣易受染色
何以故性白淨故菩薩摩訶薩亦復如是以
身淨故疾得阿耨多羅三藐三菩提以是義

故菩薩摩訶薩脩於淨身云何菩薩善知諸
緣菩薩摩訶薩不見色相不見色緣不見色
體不見色生不見色滅不見一相不見異相
不見見見者不見相貌不見受者何以故了因
緣故如色一切法亦如是是名菩薩了知諸
緣云何菩薩離諸怨敵一切煩惱是菩薩怨
菩薩摩訶薩常遠離故是名菩薩壞諸怨
敵五住菩薩視諸煩惱不名為怨所以者何因
煩惱故菩薩有生以有故生故能展轉教化
衆生以是義故不名為怨何等為怨所謂誹
謗方等經者菩薩隨生不畏地獄畜生餓鬼
唯畏如是謗方等者一切菩薩有八種魔名
為怨家遠是八魔名離怨家是名菩薩離諸

為怨家遠是八魔名離怨家是名菩薩離諸
怨家云何菩薩遠離二邊言二邊者謂廿五
有及愛煩惱菩薩常離廿五有及愛煩惱是
名菩薩遠離二邊是名菩薩摩訶薩脩大涅
槃具足成就第四功德尒時光明遍照高貴
德王菩薩摩訶薩言如佛所說若有菩薩脩
大涅槃悉作如是十事功德如來何故唯脩
九事不脩第十佛言善男子我於往昔亦常
具脩如是十事一切菩薩及諸如來无有不
脩是十事者若使世界不淨充滿諸佛世尊
於中出者无有是處善男子汝今莫謂諸佛
出於不淨世界當知是心不善俠劣汝今當
知我實不出閻浮提界譬如有人說言此界

獨有日月他方世界无有日月如是之言无
有義理若有菩薩發如是言此佛世界穢惡
不淨他方佛土清淨嚴麗亦復如是善男子
西方去此娑婆世界度卅二恒河沙等諸佛
國土彼有世界名曰无勝彼土何故名曰无
勝其土所有嚴麗之事悉皆平等无有差別
猶如西方安樂世界亦如東方滿月世界我
於彼土出現於世為化衆生故於此界閻浮
提中現轉法輪非但我身獨於此中現轉法
輪一切諸佛亦於此中而轉法輪以是義故
諸佛世尊非不脩行如是十事善男子慈氏
菩薩以誓願故當來之世令此世界清淨莊
嚴以是義故一切諸佛所有世界无不嚴淨

嚴以是義故一切諸佛所有世界无不嚴淨
復次善男子云何菩薩摩訶薩脩大涅槃微
妙經典具足成就第五功德善男子菩薩摩
訶薩脩大涅槃具足成就第五功德有五事
何等為五一者諸根完具二者不生邊地三
者諸天愛念四者常為天魔沙門剎利婆羅
門等之所恭敬五者得宿命智菩薩以是大
涅槃經因緣力故具足如是五事功德光明
遍照高貴德王菩薩言如佛所說若有善男
子善女人脩於布施則得具足五事功德今
云何言因大涅槃得是五事佛言善哉善哉
善男子如是五事其義各異今當為汝分別
解說施得五事不定不常不淨不勝不異非

无漏不能利益安樂憐愍一切衆生若依如
是大涅槃經所得五事是定是常是淨是勝
是異无漏則能利益安樂憐愍一切衆生善
男子夫布施者則離飢渴大涅槃經能令衆
生悉得遠離廿五有渴愛之病布施因緣令
生死相續大涅槃經能令生死斷不相續因
布施故受凡夫法因大涅槃得作菩薩布施
因緣能斷一切貧窮苦惱大涅槃經能斷一
切貧善法者布施因緣有分有果因大涅槃
得阿耨多羅三藐三菩提无分无果是名菩
薩摩訶薩脩大涅槃微妙經典具足成就第
五功德善男子云何菩薩脩大涅槃微妙經
典具足成就第六功德菩薩摩訶薩脩大涅

典具足成就第六功德菩薩摩訶薩脩大涅
槃得金剛三昧安住是中悉能破散一切諸
法見一切法皆是无常皆是動相恐怖因緣
病苦劫盜念念滅壞无有真實一切皆是魔
之境界无可見相菩薩摩訶薩住是三昧雖
施衆生乃至不見一衆生實為衆生故精懃
脩集尸波羅蜜乃至脩集般若波羅蜜亦復
如是菩薩若見有一衆生不能畢竟具足成
就檀波羅蜜乃至具足般若波羅蜜善男子
譬如金剛所擬之處无不碎壞而是金剛无有
折損金剛三昧亦復如是所擬之法无不碎
壞而是三昧无有折損善男子如諸寶中
金剛最勝菩薩所得金剛三昧亦復如是於

諸三昧為最第一何以故菩薩摩訶薩脩是
三昧一切三昧悉來歸屬善男子如諸小王
悉來歸屬轉輪聖王一切三昧亦復如是悉
來歸屬金剛三昧善男子譬如有人為國怨
讎人所猒患有人煞之一切世人无不稱讚
是人功德金剛三昧亦復如是菩薩脩集能
壞一切眾生怨敵是故常為一切三昧之所
宗敬善男子譬如有人其力盛壯人无當者
復更有人力能伏之當知是人世所稱美金
剛三昧亦復如是力能摧伏摧伏之法以是
義故一切三昧悉來歸屬善男子譬如有人
在大海浴當知是人已用諸河泉池之水菩
薩摩訶薩亦復如是脩集如是金剛三昧當

薩摩訶薩亦復如是脩集如是金剛三昧當
知已為脩集其餘一切三昧善男子如香山
中有一泉水名阿耨婆踰多其泉具足八味
之水有人飲之无諸病苦金剛三昧亦復如
是具八正道菩薩脩集斷諸煩惱創疣重病
善男子如人供養摩醯首羅當知是人已為
供養一切諸天金剛三昧亦復如是有人脩
集當知已為脩集一切諸餘三昧善男子若
有菩薩安住如是金剛三昧見一切法无有
鄣导如於掌中觀阿摩勒菓菩薩雖復得如
是見終不作想見一切法善男子譬如有人
坐四衢道頭見諸衆生来去坐卧金剛三昧
亦復如是見一切法生滅出没善男子譬如

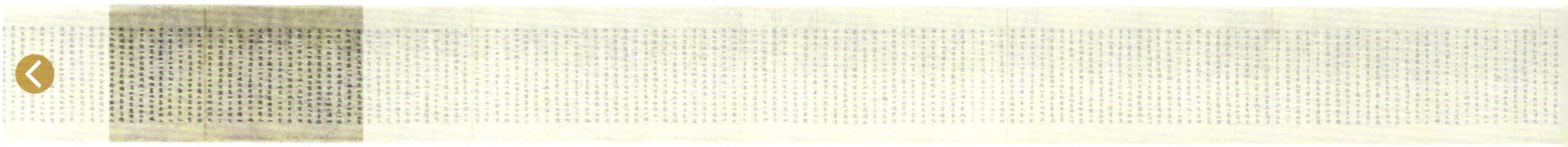

高山有人登之遠望諸方皆悉明了金剛定
山亦復如是菩薩登之遠望諸法无不明了
善男子譬如春月天降甘雨其渧微細間无
空處明眼之人見之了了菩薩亦尒得金剛
定清淨之目遠見東方所有世界其中或有
國土成壞一切皆見了了无礙乃至十方亦
復如是善男子如由乾陁山七日並出其山
所有樹木叢林一切燒盡菩薩脩集金剛三
昧亦復如是所有一切煩惱叢林即時消滅
善男子譬如金剛雖能摧破一切有物終不生
念我能摧破金剛三昧亦復如是菩薩脩已
能破煩惱終不生念我能壞結善男子譬
如大地能持万物終不生念我力能持火亦

如大地能持万物終不生念我力能持火亦
不念我能燒物水亦不念我能閏漬風亦不
念我能動物空亦不念我能容受涅槃亦復
不生念言我令衆生而得滅度金剛三昧亦
復如是雖能滅除一切煩惱而初无心言我
能滅若有菩薩安住如是金剛三昧於一念
中變身如佛其數无量遍滿十方恒河沙等
諸佛世界而是菩薩雖作是化其心初无憍
慢之相何以故菩薩常念誰有是定能作是
化唯有菩薩安住如是金剛三昧乃能作耳
菩薩摩訶薩安住如是金剛三昧於一念中
遍到十方恒河沙等諸佛世界還其本處雖
有是力亦不念言我能如是何以故以是

昧因緣力故菩薩摩訶薩安住如是金剛三
昧於一念中能斷十方恒河沙等世界衆生
所有煩惱而心初无斷諸衆生煩惱之想何
以故以是三昧因緣力故菩薩住是金剛三
昧以一音聲有所演說一切衆生各隨種類
而得解了示現一色一切衆生各各皆見種
種色相安住一處身不移易能令衆生隨其
方面各各而見演說一法若界若入一切衆
生各隨本解而得聞之菩薩安住如是三昧
雖見衆生而心初无衆生之相雖見男女无
男女相雖見色法无有色相乃至見識亦无
識相雖見晝夜无晝夜相雖見一切无一切
相雖見一切煩惱諸結亦无一切煩惱之相

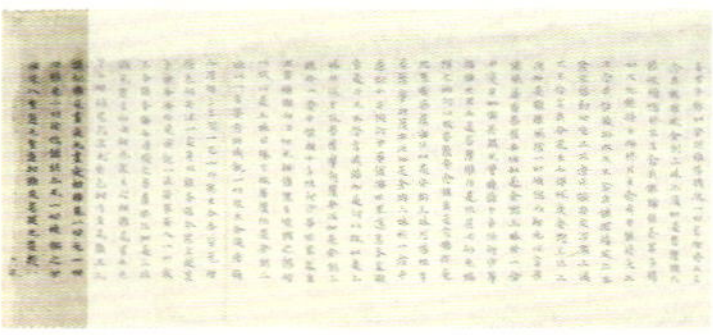

識相雖見晝夜无晝夜相雖見一切无一切
相雖見一切煩惱諸結亦无一切煩惱之相
雖見八聖道无聖道相雖見菩提无菩提

BD00879v-1　藏文雜寫

波逸

波逸提懺悔法

初門衆法衣前上座應者云僧集

不遠人言僧已集和合不云和合

然後將所犯衣財捨与僧云大姉

僧聽我某甲比丘尼故畜（若多言多 若少言少）長衣

（財云財元 財目稱）衣過限不說淨犯捨墮故離僧

伽梨宿犯捨墮（隨衣 隨上稱）買得衣衲若干犯捨

[illegible]

朋捨財乃離罪緣後朋捨罪除其罪業
命朋捨心正除罪因以財々畜想續无心捨
淨故犯其罪々雖已捨貪心尤結罪
由不除雖懺還犯故知若欲懺悔先
須捨心不捨兩相勞擾故文云衣已捨罪已
悔畜心斷當日得本財得受二衣已捨
罪未悔畜心斷當日得本財及外財
得吉羅　三衣已捨罪已悔畜心不斷當
日得本財並犯捨墮　後朋捨罪有七
一懺者合掌口言大姊僧聽我某甲
比丘尼故畜眾多長衣過限不說淨
犯捨墮離三衣宿犯捨墮是衣已捨與
僧是中各有波逸提罪長衣云眾多財不淨隨設若情衣受持

犯捨墮離三衣宿犯捨墮是衣已捨与
僧是中各有波逸提罪長衣云衆多財不罪憶數若倩衣受持
但懺其罪不須捨衣若犯多時壞盡者云犯捨長財已用壞盡各犯
根本波逸捨提罪不憶數若憶數者隨
言乏金從衆僧乞懺悔願僧聽我某甲
比丘尼懺悔慈愍故三說已上座言衆受彼懺悔二請懺
悔主其懺主必須請淨之人明知持犯乃
至下四聚罪曾經懺者方為可〻見有行
懺者是非莫分輙為悔主端坐受懺
前人既不自曉故請治〻或九品六品時
同悔或元犯言犯或重而言輕如此失法
〻總罪非逃隱返成自累請云大姉
一心念我某甲比丘尼今請大姉為波逸

求持律師大德為我作波提懺悔主

慈愍故三請已未得荅可否其首羅懺悔主亦准請之　三懺主

單白和僧問和荅已白言大德僧聽

某甲比丘尼故畜衆多長衣財

不說淨犯捨墮　離僧伽梨宿三衣並准

犯捨墮此衣財已捨与僧是中犯長

波逸提罪不憶數離僧伽梨宿犯

一捨墮若三衣揔犯准之　犯捨長財已用壞

盡久有根本波逸提罪不憶數今從

衆僧乞懺悔若僧時到僧忍聽我其

甲比丘尼受其甲比丘尼懺悔白如是

作白已前所懺者大於已者云可尒小者云

受汝懺悔　四為說罪名種相名謂波逸

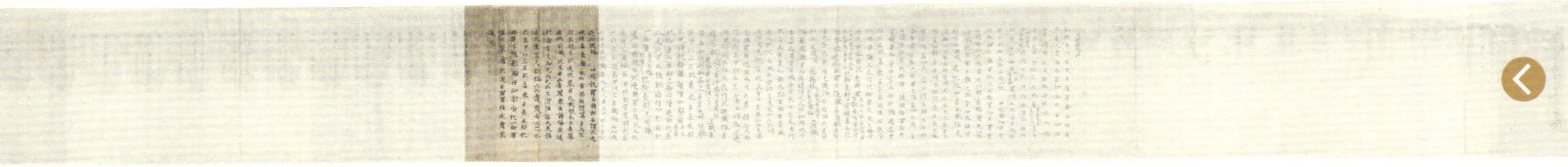

受依懺悔　四為說罪名種相名謂波逸
提種畜長離衣卅事異相謂一品多品不
同其根本波逸提最在後懺根本主者羅
在提前懺　從生亦品者羅最在前悔並據
犯者言之然无此九品不得謹誦大見誦
者故重言之初悔六品覆藏云大一心念
我某甲比丘尼故畜衆多長衣財犯
捨墮不憶數離僧伽梨宿犯一捨墮
並不發露犯實吉羅罪經夜覆藏
隨夜

BD00880　大般若波羅蜜多經卷二二七

（唐）玄奘　譯

92.7cm × 25.2cm

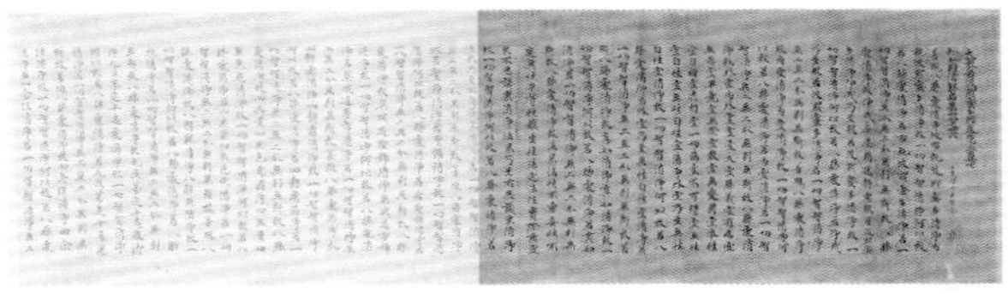

大般若波羅蜜多經卷第二百廿七

初分難信解品第卅四之卌六　　三藏法師玄奘奉　詔譯

善現八勝處清淨故布施波羅蜜多清淨布
施波羅蜜多清淨故一切智智清淨何以故
若八勝處清淨若布施波羅蜜多清淨若一
切智智清淨無二無二分無別無斷故八勝
處清淨故淨戒安忍精進靜慮般若波羅蜜
多清淨淨戒乃至般若波羅蜜多清淨故一
切智智清淨何以故若八勝處清淨若淨戒
乃至般若波羅蜜多清淨若一切智智清淨
無二無二分無別無斷故善現八勝處清淨
故內空清淨內空清淨故一切智智清淨何
以故若八勝處清淨若內空清淨若一切智
智清淨無二無二分無別無斷故八勝處清

淨故外空內外空空空大空勝義空有為空
無為空畢竟空無際空散空無變異空本性
空自相空共相空一切法空不可得空無性
空自性空無性自性空清淨外空乃至無性
自性空清淨故一切智智清淨何以故若八
勝處清淨若外空乃至無性自性空清淨若
一切智智清淨無二無二分無別無斷故善
現八勝處清淨故真如清淨真如清淨故一
切智智清淨何以故若八勝處清淨若真如
清淨若一切智智清淨無二無二分無別無
斷故八勝處清淨故法界法性不虛妄性不
變異性平等性離生性法定法住實際虛空
界不思議界清淨法界乃至不思議界清淨
故一切智智清淨何以故若八勝處清淨若

故一切智智清淨何以故若八勝處清淨若
法界乃至不思議界清淨若一切智智清淨
無二無二分無別無斷故善現八勝處清淨
故苦聖諦清淨苦聖諦清淨故一切智智清
清淨何以故若八勝處清淨若苦聖諦清淨若
一切智智清淨無二無二分無別無斷故八勝
處清淨故集滅道聖諦清淨集滅道聖諦
清淨故一切智智清淨何以故若八勝處清
淨若集滅道聖諦清淨若一切智智清淨無
二無二分無別無斷故善現八勝處清淨故
四靜慮清淨四靜慮清淨故一切智智清淨
何以故若八勝處清淨若四靜慮清淨若一
切智智清淨無二無二分無別無斷故八勝
處清淨故四無量四無色定清淨四無量四
無色定清淨故一切智智清淨何以故若八

勝處清淨若四無量四無色定清淨若一切
智智清淨無二無二分無別無斷故善現八
勝處清淨故八解脫清淨八解脫清淨故一
切智智清淨何以故若八勝處清淨若八解
脫清淨若一切智智清淨無二無二分無別
無斷故八勝處清淨故九次第定十遍處清
淨九次第定十遍處清淨故一切智智清淨
何以故若八勝處清淨若九次第定十遍處
清淨若一切智智清淨無二無二分無別無
斷故善現八勝處清淨故四念住清淨四念
住清淨故一切智智清淨何以故若八勝處
清淨若四念住清淨若一切智智清淨無二

圖書在版編目（CIP）數據

中國國家圖書館藏敦煌文獻 . 第五八册 / 中國國家圖書館編 . —北京 : 國家圖書館出版社，2024. 12
ISBN 978-7-5013-7980-4

Ⅰ . ①中… Ⅱ . ①中… Ⅲ . ①敦煌學—文獻 Ⅳ . ① K870. 6

中國國家版本館 CIP 數據核字（2024）第 036571 號

書　　名	中國國家圖書館藏敦煌文獻・第五八册
著　　者	中國國家圖書館　編
項目統籌	魏　崇　殷夢霞
責任編輯	苗文葉　潘　竹　程魯潔　黄　鑫
責任校對	王　哲　蔣昕童
出版發行	國家圖書館出版社（北京市西城區文津街 7 號　100034） （原書目文獻出版社　北京圖書館出版社） 010-66114536　63802249　nlcpress@nlc.cn（郵購）
網　　址	http://www. nlcpress. com
排版印裝	天津裕同印刷有限公司
版次印次	2024 年 12 月第 1 版　2024 年 12 月第 1 次印刷
開　　本	787 × 1092　1/8
印　　張	39.5
書　　號	ISBN 978-7-5013-7980-4
定　　價	2800.00 圓